m* num.

R 11339

REFUTATION
D'UN
NOUVEAU SYSTEME
DE
METAPHYSIQUE,
PROPOSÉ PAR LE P. M....
Auteur de la Recherche de la Verité.
Par le P. Du Tertre Jesuite.
PREMIERE PARTIE.

R 2231.
2.

A PARIS,
Chez RAYMOND MAZIERES, Libraire, ruë Saint Jacques, à la Providence, prés la ruë de la Parcheminerie.

M. DCCXV.
Avec Approbation, & Privilege du Roy.

PREFACE.

LE nouveau Systeme de Metaphysique que j'entreprens de refuter, est celui d'un Auteur celebre depuis trente ans par la nouveauté de ses idées. Aprés avoir emploié quelque temps à l'étude des tourbillons de M. Descartes, cet Auteur commençoit à s'ennuïer de voiager toûjours dans un Monde materiel, où l'on ne rencontre que de l'Etenduë &

á ij

PREFACE.

du Mouvement ; lorſque tout à coup il lui ſembla voir s'ouvrir devant lui une autre eſpece de Monde purement intelligible, où un ſoleil intelligible découvroit aux pures intelligences, mille & mille beautez intelligibles. Il n'héſita pas un moment à y paſſer ; & dés que l'œil de ſon eſprit fut un peu remis de l'éblouiſſement que lui avoit cauſé la clarté inuſitée de cette idéale Region ; il eut la ſatisfaction de connoître avec une entiere évidence, que ce Monde intelligible, étoit le Verbe de Dieu ; que ſon ſoleil étoit la raiſon univerſelle, la ſageſſe

PREFACE.

& la verité increée ; que les beautez enchantées dont il étoit rempli, c'étoient les idées claires & lumineuses de tous les Etres créez & possibles, dans lesquelles on avoit la liberté de contempler à loisir, non seulement toutes les veritez naturelles, mais encore les veritez surnaturelles, & le fond de ces grands mysteres, que la Religion propose seulement à croire au commun des hommes, qu'elle suppose incapables de les penetrer & de les comprendre.

A ce portrait, on reconnoîtroit, sans que je le nommasse, le fameux P. M. Au-

PREFACE.

teur de la Recherche de la verité, & de plusieurs autres Volumes, dans lesquels, sous differens titres, il a tâché d'établir & d'éclaircir les opinions particulieres dont il s'étoit prévenû dès sa jeunesse, sur la veuë claire de Dieu & de toutes choses en Dieu, qu'il prétend que nous avons dés cette vie.

J'avouë que ce n'est pas sans quelque fraïeur, que j'ose entrer en lice contre un Ecrivain qui possede dans le plus haut degré, le bel art d'écrire polîment ; de donner un tour plausible à tout ce qu'il dit ; d'insinuer ses pensées par des expressions

PREFACE.

agréables ; de rendre sensibles les choses les plus abstraites, en les revêtant d'ornemens qui plaisent à l'imagination ; enfin, de séduire l'esprit, en l'amusant par des mouvemens qui l'occupent tout entier & le transportent, tantôt par des peintures qui le charment, tantôt par mille écarts bien ménagez qui flattent la curiosité. Ainsi, bien éloigné de vouloir comparer ma plume à la sienne ; je me borne à proposer, d'une maniere toute simple & naturelle, les raisons qui me paroissent détruire sa Doctrine. Je veux le citer à une espece d'Aréo-

PREFACE.

page, où les Juges aïent les yeux fermez, pour n'être point distraits par la vivacité des couleurs; & où ceux qui parlent, n'aïent pas la permission d'emploïer les artifices de l'éloquence, pour surprendre l'équité des Juges. Je me flatte qu'à un tel Tribunal, j'aurai tout l'avantage que le fond de ma cause peut me donner.

Cependant je prie tous ceux qui me feront l'honneur de lire cet Ouvrage, d'être persuadez que je mets une trés grande difference entre le P. M. & ses sentimens: quoique je me croïe dispensé d'estimer beaucoup sa Phi-

PREFACE.

losophie, je ne croirai jamais avoir droit de m'éloigner en rien du respect que j'ai toûjours eu pour sa personne. J'espere que le P. M. de son côté, malgré le peu de cas qu'il feroit des difficultez que j'ai à proposer contre son systeme, ne laissera pas d'avoir toûjours quelque bonté pour moi.

Je ne lui demande icy que ce qu'il a crû pouvoir demander lui-même à M. Regis, aprés avoir eu avec ce Philosophe des démêlez trés-vifs, & lui avoir dit dans la chaleur de la dispute, des choses assez fortes. D'ailleurs, ma priere est fondée

R.T 2.
p. 175.
Rép. 2.
M. Regis.

PREFACE.

sur des titres que le P. M. ne pourra rejetter.

En premier lieu, c'est le pur amour de la verité qui m'a fait parler dans les endroits où je m'exprime en termes un peu forts; & il ne peut ignorer combien cet amour de la verité, si recommandé dans ses Livres, inspire de zele, & même de vivacité contre des opinions qu'on croit fausses, pour peu qu'il fasse reflexion sur ses réponses à ceux qui l'ont quelquefois attaqué touchant des points particuliers de sa Doctrine, & sur les termes dont il se sert lorsqu'il parle en general de toutes les personnes

PREFACE.

qui ne font pas dans fes fentimens. Il me feroit aifé d'en venir au détail ; mais cela n'eſt point neceſſaire , & je craindrois qu'on n'en prît occaſion de m'attribuer des intentions que je n'ai pas.

Je penſe au reſte , d'auſſi bonne foy avoir le bon droit de mon côté , que le P. M. a pû penſer qu'il étoit du ſien. Je m'y ſuis pris de mon mieux pour conſulter cette raiſon univerſelle des intelligences qu'on dit qui ne manque point de répondre clairement à ceux qui l'interrogent avec application : j'ai impoſé pour la mieux interroger , le plus grand ſilence

PREFACE.

qu'il m'a été possible à mes sens & à mes passions : j'ai tenu la bride courte à mon imagination : je me suis bien r'assûré contre toutes les vaines fraïeurs que pourroiét me causer les nouveaux objets du monde intelligible : je me suis élevé au-dessus des préjugez : j'ai mis sous les pieds les autoritez les plus celebres & les plus universelles : je me suis dit cent fois, que je pouvois découvrir en peu de jours, plus de veritez en marchant par la nouvelle route, que tous ceux qu'on appelle Sçavans n'en ont découvert depuis la création du monde jusqu'an temps de M. Des-

PRÉFACE.

cartes, & à celui du P. M. Je me suis ensuite livré à l'esprit pur : j'ai déterminé les sujets sur lesquels je souhaitois d'être éclairé : je les ay divisez & réduits à leurs moindres termes : je me suis armé de résolution pour ne consentir jamais à rien, que l'évidence ne m'y forçast : aprés cela, j'ai fixé mes regards du côté que devoit luire le soleil qui brille aux intelligences : j'ai soûtenu mon attention : j'ai poussé des desirs ardens : j'ai fait de ferventes prieres à la Verité, afin qu'elle se montrast & me parlast : je l'ai sommée de se découvrir par toutes les

V. la L. de la Méthode.

PREFACE.

loix de l'union de mon esprit avec elle.

Cependant, j'avouë ingenüement que je ne l'ai ni vûë ni entenduë, de la maniere que le P. M. affûre qu'il la voit & l'entend tous les jours. Au contraire, un certain bon sens, dont on ne doit pas trouver mauvais que je me pique aussi-bien que le reste des hommes, m'a presque toûjours répondû que je perdois mon temps, & que les efforts que je faisois pour me convaincre des opinions nouvelles, étoient inutiles, & ne me conduiroient qu'à prendre des chimeres pour des veritez. Au bon sens se

PREFACE.

joignoit la Foy, guide bien plus seure encore, & dont on ne peut s'écarter le moins du monde, sans tomber dans quelque précipice. Je ne la consultois jamais, qu'elle ne me parust indignée de la temerité avec laquelle on ose, dans le nouveau systeme, donner carriere à son imagination sur les sujets les plus sacrez; & reduire les plus augustes & les plus redoutables Mysteres de la Religion, à une espece de mecanique, dont les suites sont encore plus pernicieuses, que les fondemens n'en sont frivoles.

Voilà donc le second titre

PREFACE.

sur lequel je me croi bien autorisé à prier le P. M. qu'il ne trouve pas mauvais que je contredise ses pensées : c'est que je suis persuadé qu'elles sont, non seulement fausses, mais encore très-dangereuses par rapport à la Foy. Il a parlé sincerement, je n'en doute pas, lorsqu'il a dit dans la Preface de la Recherche, qu'il étoit bien éloigné de vouloir qu'on le crût sur sa parole, & qu'il prioit ceux à qui Dieu feroit connoître ses égaremens, de le redresser.

C'est aussi avec sincerité qu'il a protesté dans le premier éclaircissement sur le traité de la Nature & de la

PREFACE.

Grace, qu'il estimoit & ho- N.G.p. noroit particulierement tous 296. ceux, qui en matiere de Religion, ont une secrette aversion pour toutes les nouveautez, & qu'ils ne le choquoient point lorsqu'ils s'opposoient à ses sentimens, quand c'étoit ce motif qui les faisoit agir. Ainsi, en refutant aujourd'hui sa Metaphysique, je ne fais rien qui doive me priver de son estime, si j'ai d'ailleurs été assez heureux pour y avoir part.

J'avertis en finissant cette Preface, que j'ai lû & relû avec toute l'application dont je suis capable, les Livres du P. M. dans les dernieres édi-

PREFACE.

tions qui en ont été faites : ce sont celles-là même qu'il souhaite qu'on life, pour être instruit de ses vrais sentimens, & dont il donne le Catalogue dans l'Avertissement de la derniere édition de sa Recherche. Pour ce qui regarde les citations, je croi qu'on n'aura pas lieu de se plaindre de mon peu d'exactitude. Il se pourra faire, à la verité, que d'un grand nombre d'endroits que j'aurois pû citer sur la plufpart des points que j'ai traitez, je n'aye pas toûjours choisi les plus forts : mais je suis bien sûr que je ne fais rien dire à l'Auteur comme de lui, qu'il puisse désa-

PREFACE.

voüer dans son ame, & que ceux qui ont lû ses Livres me rendront aussi cette justice.

DESSEIN GENERAL
de cet Ouvrage.

L'Auteur que j'attaque est, comme je l'ai déja insinué dans la Préface, un éleve de l'Ecole Cartésienne : il a pris, dans M. Descartes même, ses premieres teintures de Philosophie. Mais sentant qu'il n'étoit pas né pour être toûjours l'Ecolier d'un autre, & trouvant dans la Doctrine de son maître de quoi flatter cette noble ambition qui le sollicitoit à se distinguer de la foule, par quelques belles découvertes ; il s'appliqua bien-tôt à examiner de quel côté il devoit tourner pour trouver dans le monde Philosophique, un nouveau païs où personne ne l'eust précedé.

Cela ne lui fut pas aisé. La Logique étoit depuis long-temps défrichée, outre qu'elle paroissoit à nôtre Voïageur, une terre bien maigre. M. Descartes avoit peuplé toutes les contrées de la Physique, & les Habitans s'étoient si fort multipliez, qu'on avoit été obligé d'envoïer de grosses colonies dans le Roïaume de la Lune, & dans toutes les Planetes. On a déja fait, dans les Mathématiques, de grandes découvertes, il en coûteroit beaucoup pour y en ajoûter de nouvelles, qui fussent capables de rendre un nom célébre. Résolution fut donc prise de tourner vers la Métaphysique : il n'y avoit point, à la verité, de Philosophe qui n'y eust déja mis le pied ; mais le P. M. se persuada qu'aucun n'y étoit entré assez avant. D'ailleurs les routes encore toutes fraîches que son maître y avoit fraïé, & qu'il préferoit à toutes les autres, lui donnoient une grande avance ; il voïoit même avec plaisir, que pour peu qu'il les pouſſaſt plus loin, il auroit la gloire d'avoir paſſé celui, qui dans ſon idée, avoit infiniment paſſé tous les autres.

En effet, le ſuccès le convainquit qu'il avoit pris le parti qui lui convenoit. La hardieſſe, la force, & la vivacité de ſon imagination, ne trouva rien dans cette Terre idéale qui l'épouventât, qui lui réſiſtaſt, qui retardaſt le moins du monde ſes progrez. En très-peu de temps il pouſſa juſqu'à de vieilles traces que le divin Platon, jadis avoit faites ; mais choqué contre l'Antiquité, il tâcha de les dé-

F. 1. p. 37.
E. 2. p. 38. 39.

guiſer & de leur donner, autant qu'il put, un air de nouveauté : néanmoins ce furent ces pas de Platon qui lui enſeignerent un petit chemin étroit, eſcarpé, environné de tous côtez d'affreux précipices, par où il monta juſqu'au Verbe, & dans la vaste & enchantée Region des Idées, où il lui sembla voir dans la plus grande clarté, tout ce que l'ordre de la Nature & celui de la Grace, renferment de plus beau & de plus profond.

Ce fut donc là qu'il résolut de s'établir, & de bâtir à loisir son nouveau systéme, non d'une simple Métaphysique naturelle, mais d'une Métaphysique Chrétienne & Théologique, dont les principes donnassent l'intelligence des veritez de la Foy, & dissipassent l'obscurité qui est répanduë sur les plus sublimes mysteres de la Religion.

E. 6. p. 204. 205.

Ce systéme est posé sur les opinions de M. Descartes : sur ces fondemens s'éleve la Doctrine propre & particuliere du P. M. laquelle est en possession de porter le nom de Malebranchisme, & d'avoir des Sectateurs : Enfin, sur cette Doctrine, est appuïée une Théologie toute extraordinaire ; qu'on peut aussi nommer Malebranchiste, pour la distinguer de la Théologie ordinaire.

Ainsi, dans le dessein où je suis, de tâcher à renverser cet édifice ; l'ordre qu'il m'a parû naturel de suivre dans ma Réfutation sera, d'attaquer d'abord ce que le P. M. a de commun avec M. Descartes; ensuite ce qui lui est propre & particulier en matiere de pure Philosophie ; enfin ce qu'il avance par rapport à la Théologie & aux mysteres de la Religion. C'est-à-dire, que je me propose de réfuter le Cartésianisme du P. M. le Malebranchisme Philosophique, & la Théologie Malebranchiste : tel est le partage de mon Ouvrage, qui par consequent aura trois parties ; dont la premiere portera pour titre : le P. M. Disciple de M. Descartes : la seconde, le P. M. chef d'une nouvelle secte de Philosophes

phes : la troisiéme, le P. M. Théologien.

J'espere qu'on trouvera dans la suite de ces trois Parties de quoi se convaincre, que le nouveau systéme de Métaphysique, loin d'être un systeme démontré & Chrétien, deux belles qualitez que son Auteur lui attribuë par tout ; est au contraire un systéme des plus faux, & des moins conformes à la saine Doctrine de l'Eglise. Car il me semble que cet Ouvrage montrera très clairement, que la plûspart des principes du nouveau systéme sont ruineux, que ce systeme renferme quantité de contradictions, qu'il est plein de mauvais raisonnemens, & qu'il conduit à de très dangereuses erreurs en matiere de Religion. Erreurs néanmoins dont je proteste n'avoir jamais soupçonné le P. M. je suis au contraire persuadé qu'il ne les a pas apperçûës, ou qu'il n'a pas crû qu'elles suivis-

M. Méditations Chrétiennes.
E. Entretiens sur la Métaphysique & la Religion.
T. M. t. 1. *t.* 2. Traité de Morale, tome premier, tome second.

REFU-

REFUTATION
D'UN
NOUVEAU SYSTEME
DE
METAPHYSIQUE.
Proposé par le P. M.... Auteur de la Recherche de la Verité.

Premiere Partie.
Le P. M.... Disciple de M. Descartes.

Dessein particulier de cette premiere Partie.

Uoique je représente icy le P. M. sous la qualité de Disciple de M. Descartes; je ne prétens pas pour cela qu'on se le figure

comme un simple Cartesien, tellement esclave des pensées de son Maître, qu'il n'ose y rien ajoûter du sien : car je croy pouvoir assûrer que sur les points mêmes où il suit ce Philosophe, il porte encore les choses bien plus loin que M. Descartes ne les a portées. Je ne veux donc marquer par ce titre rien autre chose, sinon que nôtre Auteur a pris dans la Philosophie Cartesienne le fond des premiers principes de son Système : & je les réduis ces principes Cartesiens du P. M. à ce qui regarde la nature de l'ame, l'essence de la matiere, l'union de l'ame & du corps ; l'efficace des causes secondes, la liberté de l'homme, & l'idée de l'infini. Voilà les chefs sur lesquels je me propose de réfuter le nouveau Philosophe dans cette premiere Partie. La Table suivante développera encore davantage mon dessein.

TABLE DES CHAPITRES.

Ch. I. De la nature de l'ame. I. L'Auteur fait consister l'essence de l'ame dans la pensée actuelle. II. Selon lui l'ame est un être purement passif. III. Comparaison de l'ame avec la matiere. Réflexion sur cette comparaison. IV. Ce Philosophe oublie ses autres principes dans ses deux assertions sur la nature de l'ame. V. Réfutation de la premiere assertion. VI. Réfutation de la seconde. VII. Réponse à deux objections.

Ch. II. de l'essence de la matiere. I. Selon l'Auteur elle consiste dans l'étenduë actuelle & impenetrable. II. Cette opinion est contraire à ce que l'Eglise enseigne touchant le Mystere de l'Eucharistie. III. Deux differens Systêmes des nouveaux Cartesiens sur ce Mystere adorable. IV. La nouvelle opinion réfutée par la raison. V. Le

P. M.. se contredit lui-même, & prouve la fausseté de l'idée qu'il s'est fait de la matiere par les inconséquences où il tombe sur ce point.

Ch. III. Remarque sur les deux Chapîtres précedens. I. Deux réflexions qui montrent qu'on doit faire peu de fond sur le nouveau Systême. II. Autre réflexion sur quelques principes de la nouvelle Métaphysique. III. On établit cinq axiômes ou regles opposées aux axiômes ou aux regles de l'Auteur. IV. Réflexion par rapport aux démonstrations de la spiritualité & de l'immortalité de l'ame.

Ch. IV. De l'union de l'ame & du corps. I. Nôtre Philosophe agissant conséquemment à ses principes, ne devoit pas entreprendre d'expliquer cette union. II. En quoi il la fait consister. III. Son opinion n'établit point une veritable union entre les deux substances. IV. Elle ne s'accorde pas avec la do-

&trine de deux Conciles œcuméniques. v. Elle est dangereuse par rapport à ce que la Foi nous enseigne touchant l'unité de personne & la distinction des natures en Jesus-Christ. vi. Idée particuliere de l'Auteur, sur cette union de l'ame & du Corps. vii. Réflexions sur cette idée Malebranchiste.

Ch. v. De l'éfficace des causes secondes. i. Doctrine de nôtre Cartesien sur ce point. ii. Contradictions de l'Auteur, & fausseté des prétenduës démonstrations qu'il apporte de son sentiment. iii. Preuves de l'efficace des causes secondes. Premiere preuve, prise de la doctrine du concours immédiat. iv. Seconde preuve, tirée de la nature de la volonté humaine. v. Troisiéme preuve, fondée sur l'autorité de l'Ecriture. vi. Quatriéme preuve, par le sentiment interieur que chacun a de soi-même. vii. Cinquiéme preuve, par les consequen-

A iij

ces ridicules, & même impies, où engage l'opinion de nôtre Philosophe.

Ch. VI. De la liberté de l'homme. I. Embarras du P. M. sur cet article. II. Raisons qu'on pourroit avoir de croire, qu'il ne pense pas catholiquement sur cette matiere. III. Maniere dont néanmoins l'Auteur prétend pouvoir expliquer la liberté sans renoncer à ses autres opinions. IV. Raisons pour lesquelles on ne peut pas recevoir son explication.

Ch. VII. De l'idée de l'infini. I. Inconséquences de la doctrine de l'Auteur sur la connoissance de l'infini. II. Fausseté de cette doctrine, prouveé par les propres principes de nôtre Philosophe. III. Continuation de la même preuve. IV. Réfutation de la prétenduë infinité des idées de l'étenduë, & des nombres. V. Autre preuve de la fausseté de l'opinion Malebranchiste, tirée du sentiment commun de la plus-part des hommes. VI. Réfutation des raisons sur lesquelles nôtre Cartesien appuïe son sentiment. VII. Derniere preuve contre le P. M. prise de l'opposition de ces deux propositions qu'il fait ; la premiere, qu'on voit l'infinité même ; la seconde, qu'on ne comprend pas l'infini.

Chapitre Premier.

De la nature de l'Ame.

IL y a peu de choses plus capables d'humilier l'esprit de l'homme, & de reprimer la présomptueuse curiosité qui le porte naturellement à vouloir tout penetrer & tout voir; que la profonde & pitoïable ignorance où il est par rapport à sa propre nature. Et peut-être les Philosophes récens n'ont-ils affecté d'assûrer avec tant de confiance, qu'ils connoissoient parfaitement l'essence & les facultez de leur ame; que pour tâcher de se délivrer par-là de la secrette honte que leur causoit ce défaut de lumiere sur un point si essentiel; ou du moins pour prévenir le reproche qu'il auroit été naturel de leur faire, si aprés nous avoir avoüé qu'ils ne se connoissoient pas eux-mêmes, ils fussent venus à nous débiter, comme ils ont fait, leurs pensées sur toutes les autres parties de l'Univers, & sur la conduite même, & les desseins de son Auteur, comme autant de veritez incontestables, auxquelles tous les hommes devoient se rendre. Mais leurs efforts n'ont servi qu'à faire sentir davantage l'impossibilité où ils étoient de sortir de leurs tenebres, en faisant remarquer qu'ils s'y enfoncent de plus en plus, & qu'à tout pas ils heurtent la raison.

I.

Il me semble que nôtre Auteur en particulier, va fournir de bonnes preuves de ce que je dis.

Mon ame dit le P. M. c'est ce moi « qui pense, qui sent, & qui veut : « c'est la substance où se trouvent « toutes les modifications dont j'ay « sentiment interieur, & qui ne peu- « vent subsister que dans l'ame qui « les sent. Et si on lui demande ce que c'est encore que ce moi qui

R.T. 1.
L. I. C.
10. p.
46.

A v

pense; ce que c'est que cette substance où se trouvent les modifications dont j'ai sentiment interieur, modifications par conséquent qui ne sont que mes pensées mêmes ? Il répond, que ce moi qui pense, que cette substance où se trouvent mes pensées ; c'est la pensée elle même : „ Non, assûre-t'il, je ne

l. 3. 1.
f. c. 1.
p. 186.

„ croi pas, qu'aprés y avoir pensé
„ serieusement, on puisse douter
„ que l'essence de l'esprit ne consi-
„ ste que dans la pensée ; & que se-
„ lon les differentes modifications
„ de la pensée, l'esprit tantôt veut,
„ & tantôt imagine, ou enfin qu'il
„ a plusieurs autres formes parti-
„ culieres ; de même que selon les
„ differentes modifications de l'é-
„ tenduë, la matiere est tantôt de
„ l'eau, tantôt du bois, tantôt du
„ feu, ou qu'elle a une infinité d'au-
„ tres formes particulieres. J'aver-
„ tis seulement (c'est toûjours lui
„ qui parle) que par ce mot, *pen-*

de Metaphysique. 11

sée, je n'entends point icy les mo- «
difications particulieres de l'ame ; «
c'est-à-dire, telle ou telle pensée ; «
mais la pensée substantielle, la «
pensée capable de toutes sortes «
de pensées. «

La pensée toute seule est donc, « *Ib. p.*
continuë-t'il, l'essence de l'esprit. « 187.
Et encore, peu de lignes aprés.
La pensée toute seule est donc pro- «
prement ce qui constituë l'essence «
de l'esprit : & les differentes ma- «
nieres de penser, comme sentir & «
imaginer, ne sont que les modifi- «
cations dont il est capable, & «
dont il n'est pas toûjours modifié : «
mais vouloir, est une proprieté «
qui l'accompagne toûjours, soit «
qu'il soit uni à un corps, soit qu'il «
en soit séparé ; laquelle cependant «
ne lui est pas essentielle, puis- «
qu'elle suppose la pensée, & «
qu'on peut concevoir un esprit «
sans volonté, comme un corps «
sans mouvement. Il se peut faire «

A vj

» qu'il y ait de la matiere qui ne soit
» ni terre ni métal, ni quarrée ni
» ronde, ni même en mouve-
» ment : Il se peut faire aussi qu'un
» esprit ne sente ni chaud ni froid,
» ni joye ni tristesse ; n'imagine
» rien, & même ne veüille rien ; de
» sorte que toutes ces modifica-
» tions ne lui sont point essentielles.
» Mais l'ame ne seroit pas capable
» de toutes ces modifications, si
» elle n'étoit capable de perception
» ou de pensée ; ainsi, conclut-il,
» le principe de toutes ces modifi-
» cations, c'est la pensée.

Ce seroit faire tort à nôtre Philosophe, que d'accumuler un grand nombre d'autres passages de ses Livres où il répete les mêmes choses : ceux que nous avons citez sont si clairs qu'il n'est pas possible de s'y tromper. Seulement, si l'on vouloit y regarder de prés, on pourroit faire remarquer que l'Auteur ne parle pas juste, en disant que la volonté est une proprieté de l'ame qui l'accompagne toûjours ; puisqu'il ajoûte aprés, qu'il se peut faire que l'ame ou l'esprit ne veüille rien, de même qu'il se peut faire qu'elle n'imagine rien, & qu'elle ne sente ni chaud ni froid : car cela étant, il est manifeste que, *vouloir*, est à l'égard de l'esprit une modification aussi accidentelle, que sentir du chaud, qu'imaginer telle ou telle chose. Mais ne nous arrêtons pas si scrupuleusement à ces sortes de méprises ou de contradictions qui paroissent trop legeres.

II. Il est donc certain dans le nouveau Systême, que la pensée actuelle constituë seule toute l'essence de l'ame ; que l'ame n'est autre chose qu'une pensée ou une perception subsistante par soi-même : Mais il est à propos de sçavoir de plus, si cette pensée substantielle est quelque chose d'actif, ou si c'est un être purement passif ? Sur quoi l'Au-

14 *Réfut. d'un nouveau Syst.*
teur ne nous laissera pas long-temps
dans le doute. Car voicy sa répon-
R. T. se qui est claire & précise. » La
T. L. I. » faculté de recevoir differentes
C. I. p. » idées & differentes modifications
3. & » dans l'esprit, est entierement pas-
4. » sive, & ne renferme aucune ac-
» tion : & j'appelle cette faculté ou
» cette capacité qu'a l'ame de re-
» cevoir toutes ces choses, Enten-
» dement : d'où il faut conclure
» que c'est l'entendement qui ap-
» perçoit ou qui connoit, puisqu'il
» n'y a que luy qui reçoive les idées
» des objets ; car c'est une même
» chose à l'ame d'appercevoir un
» objet, & de recevoir l'idée qui
» le represente. C'est aussi l'enten-
» dement qui apperçoit les modifi-
» cations de l'ame, ou qui les sent ;
» puisque j'entends par ce mot,
» Entendement, cette faculté pas-
» sive de l'ame par laquelle elle re-
» çoit toutes les differentes modi-
» fications dont elle est capable ; car

« c'est la même chose à l'ame de re-
« cevoir la maniere d'être, qu'on
« appelle la douleur, que d'apper-
« cevoir ou de sentir la douleur ;
« puisqu'elle ne peut recevoir la
« douleur d'autre maniere qu'en
« l'appercevant. D'où l'on peut
« conclure que c'est l'entendement
« qui imagine les objets absens,
« & qui sent ceux qui sont présens ;
« & que les sens & l'imagination ne
« sont que l'Entendement apperce-
« vant les objets par les organes du
« corps, ainsi que nous explique-
« rons dans la suite.

Ibid.

On voit par cette réponse que nôtre Philosophe donne icy le nom d'entendement à ce qu'il a appellé ailleurs, pensée substantielle : car il a dit cy-dessus que la pensée substantielle étoit le sujet où se trouvent toutes nos pensées & toutes nos modifications particulieres, telles que sont les perceptions des idées, les sentimens, les phantô-

mes de l'imagination, les differentes déterminations du mouvement de la volonté; qu'elle étoit le principe de toutes ces modifications, & la capacité que nous avions de les recevoir; que connoître, sentir, imaginer, vouloir, n'étoient que les manieres d'être de cette pensée, comme les figures & le mouvement sont des manieres d'être de l'étenduë. Or maintenant il assûre que l'entendement est cette faculté & cette capacité qu'a l'ame de recevoir toutes ces choses, que c'est l'entendement qui connoît où qui a les perceptions des idées; que c'est lui qui sent & qui imagine : par consequent Pensée substantielle, & Entendement; c'est la même chose : ces deux mots signifient également l'ame ou l'esprit. Et c'est de quoi l'Auteur nous avertit encore dans son second éclaircissement sur la Recherche par ces paroles :
,,C'est proprement l'ame qui apper-

çoit, & non pas l'Entendement "
conçu comme quelque chose de "
distinguée de l'ame. L'entendement "
n'est point different de l'ame. "

Or l'entendement n'est qu'une pure capacité, qu'une faculté purement & entierement passive de recevoir differentes modifications, laquelle ne renferme aucune action, n'agit point, ne fait que recevoir les idées, les sentimens, &c. *Ib. & T. 1. L. 1. c. 1. p. 9.*

Donc la pensée substantielle, l'esprit, l'ame; car tous ces mots sont synonimes chez nôtre Auteur; ce n'est rien d'actif, c'est une chose purement passive, & qui ne renferme nulle action.

Nôtre ame, dit ailleurs ce Philosophe, est purement passive entant que capable de perceptions. Or il est indubitable que nôtre ame entant que capable de perceptions; c'est nôtre ame considerée selon lui quant à son essence : cette capacité même de perceptions par- *R. T. 1. L. 4. c. 11. p. 299.*

18 *Réfut. d'un nouveau Syst.*
ticulieres, est ce qui constituë l'essence de l'esprit : Ainsi c'est une chose manifeste que l'essence de nôtre ame, que nôtre ame même en soi & de sa nature est un être entierement passif, & sans aucune action, selon la nouvelle Metaphysique. En effet, la volonté, de la-

Ib. l.
1. c. 1.
p. 5.
quelle seule on peut dire, à ce que prétend le P. M. qu'elle est agissante en un certain sens, que nous

Ib. p.
3. &
T. 2. p.
101.
Ecl. 2.
examinerons dans la suite, n'est autre chose, si nous l'en croyons, que l'impression ou le mouvement qui porte l'esprit, l'ame, la pensée substantielle, l'entendement, vers le bien indéterminé & general ; mais il ne faut pas s'imaginer qu'elle soit une entité differente de l'entendement, ou de l'ame même :

Ib. &
T. 1. l.
3. 1. p. c.
1. p.
187.
Non, ce n'est que l'entendement ou l'ame même, entant que portée vers le bien ; ce n'est qu'une maniere d'être de la pensée, qui ne lui est pas même essentielle,

de Metaphysique. 19
non plus que le mouvement n'est pas essentiel à la matiere. La puissance même de vouloir quoiqu'inséparable de l'esprit, ne lui est pourtant pas essentielle ; comme la capacité d'être mûë est inséparable de la matiere, quoiqu'elle ne lui soit pas essentielle.

16.

Et voila le grand principe sur quoi roule l'heureuse comparaison que fait l'Auteur de l'ame avec la matiere : comparaison qui acheve d'éclaircir & de développer son sentiment.

La matiere ou l'étenduë, dit-" " III.
il, renferme en elle deux pro-" " R. T.
prietez ou deux facultez ; la pre-" " l. L. 1.
miere faculté, est celle de rece-" " c. 1. p.
voir differentes figures ; & la se-" " 2. 3.
conde, est la capacité d'être " " &c.
mûë : De même, l'esprit de "
l'homme renferme deux facul-"
tez ; la premiere, est celle de re-"
cevoir plusieurs idées, c'est-à-"
dire, d'appercevoir plusieurs "

,, choses ; la seconde est celle de re-
,, cevoir plusieurs inclinations, ou
,, de vouloir differentes choses. Le
P. M. attache plus particulierement le mot d'Entendement à la
premiere de ces facultez, & donne à la seconde, le nom de volonté ; quoiqu'on voye bien par ce
qui a précedé, que l'Entendement
est proprement la pensée substantielle, ou l'ame même, & la volonté une pure maniere d'être de
cette pensée ; ensuite il continuë.

Ibid. ,, L'étenduë est capable de rece-
,, voir deux sortes de figures ; les
,, unes sont seulement exterieures,
,, comme l'est la rondeur à un mor-
,, ceau de cire ; les autres sont in-
,, terieures, & ce sont celles qui
,, sont propres à toutes les petites
,, parties dont la cire est compo-
,, sée, car il est indubitable que
,, toutes les petites parties qui
,, composent un morceau de cire,
,, ont des figures fort differentes

de Metaphysique.

"de toutes celles qui composent
"un morceau de fer. J'appelle
"donc simplement figure, celle
"qui est exterieure ; & j'appelle
"configuration, la figure qui est
"interieure & necessaire à toutes
"les parties dont la cire est com-
"posée afin qu'elle soit ce qu'elle
"est. On peut dire de même que
"les perceptions que l'ame a des
"idées sont de deux sortes : les
"premieres que l'on appelle per-
"ceptions pures, sont, pour ainsi
"dire, superficielles à l'ame, el-
"les ne la penetrent pas & ne la
"modifient pas sensiblement : les
"secondes qu'on appelle sensibles,
"la penetrent plus ou moins vi-
"vement : telles sont le plaisir &
"la douleur, la lumiere & les
"couleurs, les saveurs & les odeurs,
"&c. Car on fera voir dans la
"suite que les sensations ne sont
"rien autre chose que des manie-
"res d'être de l'esprit ; & c'est

Ibid,

Ibid.

,, pour cela que je les appellerai
,, des modifications de l'esprit. On
,, pourroit appeller aussi les incli-
,, nations de l'ame des modifica-
,, tions de la même ame ; car puis-
,, qu'il est constant que l'inclina-
,, tion de la volonté est une ma-

Ibid. ,, niere d'être de l'ame, on pourroit
,, l'appeller modification de l'ame;
,, ainsi que le mouvement dans les
,, corps étant une maniere d'être
,, des mêmes corps, on pourroit
,, dire que le mouvement est
,, une modification de la matiere :
,, cependant je n'appelle pas les
,, inclinations de la volonté, ni les
,, mouvemens de la matiere, des
,, modifications ; parce que ces
,, inclinations & ces mouvemens
,, ont ordinairement rapport à
,, quelque chose d'exterieur ; car
,, les inclinations ont rapport au
,, bien, & les mouvemens ont
,, rapport à quelque corps étran-
,, ger ; mais les figures & les con-

de Metaphysique. 23

« figurations des corps, & les sen-
« sations de l'ame n'ont aucun
« rapport necessaire au dehors.

« La premiere & la principale *Ibid.*
« des convenances qui se trouvent
« entre la faculté qu'a la matiere
« de recevoir differentes figures &
« differentes configurations, &
« celle qu'à l'ame de recevoir dif-
« ferentes idées & differentes mo-
« difications; c'est que de même
« que la faculté de recevoir diffe-
« rentes figures & differentes con-
« figurations dans les corps, est
« entierement passive, & ne ren-
« ferme aucune action; ainsi la fa-
« culté de recevoir differentes idées
« & differentes modifications dans
« l'esprit, est entierement passive
« & ne renferme aucune action....
« L'autre convenance entre la fa-
« culté passive de l'ame & celle de
« la matiere; c'est que comme la *Ibid.*
« matiere n'est point veritablement *p. 4.*
« changée par le changement qui

„ arrive à sa figure, je veux dire,
„ par exemple, que comme la cire
„ ne reçoit point de changement
„ considerable pour être ronde ou
„ quarrée ; ainsi l'esprit ne reçoit
„ point de changement conside-
„ rable par la diversité des idées
„ qu'il a ; je veux dire que l'esprit
„ ne reçoit point de changement
„ considerable, quoiqu'il reçoive
„ l'idée d'un quarré ou d'un rond,
„ en appercevant un quarré ou un
„ rond. De plus, comme l'on peut
„ dire que la matiere reçoit des
„ changemens considérables lors-
„ qu'elle perd la configuration pro-
„ pre aux parties de la cire, pour
„ recevoir celle qui est propre au
„ feu & à la fumée, quand la cire
„ se change en feu & en fumée ;

Ibid. „ ainsi l'on peut dire que l'ame re-
&. 5. „ çoit des changemens fort con-
„ siderables lorsqu'elle change ses
„ modifications, & qu'elle souffre
„ de la douleur aprés avoir senti
du

de Metaphysique 25

du plaisir. D'où il faut conclure " que les perceptions pures sont à " l'ame, à peu prés ce que les fi- " gures sont à la matiere ; & que " les configurations sont à la ma- " tiere, à peu prés ce que les sen- " sations sont à l'ame. "

L'autre faculté de la matiere, " *Ibid.* c'est qu'elle est capable de rece- " voir plusieurs mouvemens ; & " l'autre faculté de l'ame, c'est " qu'elle est capable de recevoir " plusieurs inclinations. .... De " même que l'Auteur de la nature " est la cause universelle de tous " les mouvemens qui se trouvent " dans la matiere, c'est aussi lui qui " est la cause generale de toutes " les inclinations naturelles qui se " trouvent dans les esprits. "

Voicy donc en peu de mots à quoi se reduit la nouvelle doctrine sur la nature de l'ame. Son es- *L. 3. 13* sence ne consiste que dans la pen- *p. c 1.* sée, de même que l'essence de la *p. 186*

Tome I.   B

matiere ne consiste que dans l'étenduë. Cette pensée substancielle est quelque chose d'entierement passif, comme l'étenduë. On peut distinguer dans l'ame ou la pensée deux facultez ; celle de recevoir des perceptions, & celle d'être poussée vers le bien ; comme l'on distingue dans la matiere ou l'étenduë, la capacité de recevoir des figures, & la capacité d'être muë. Les figures que peut recevoir l'étenduë sont, ou exterieures, comme la rondeur ; ou propres des petites parties insensibles d'un corps, & s'appellent proprement configurations : de même les perceptions, qui sont à l'ame ce que les figures sont au corps, sont de deux sortes ; les unes sont superficielles à la pensée ou à l'esprit, & l'affectent legerement, comme les perceptions des idées de triangle, de cercle, &c. Les autres sont plus intimes, elles penetrent l'ame ou la penfée, elles la changent aussi considerablement que les differentes configurations changent les corps, en faisant, par exemple, que ce qui étoit cire devienne feu & fumée; & ces perceptions vives, ces sentimens de douleur, par exemple, de plaisir, de couleurs, &c. se nomment proprement modifications de l'ame, & répondent aux configurations de la matiere.

Les differentes figures, les differentes configurations, & le mouvement, sont de pures manieres d'être de l'étenduë, sans lesquelles elle peut être conçuë; pareillement les perceptions pures, les modifications ou perceptions sensibles, la volonté ou les differentes inclinations qui font pancher l'ame ou la pensée vers le bien, sont des manieres d'être de cette pensée, de l'esprit, de l'ame, qui ne lui sont point du tout essentielles.

Aprés une si exacte anatomie de toutes les parties de l'esprit, qui ne croiroit que le P. M. a sçû par la ferveur de sa priere naturelle forcer le Verbe à lui manifester l'idée de l'ame : & à lui donner le loisir de parcourir tous les coins & les recoins de cette belle & magnifique idée, pour pouvoir en fixer au juste toutes les qualitez, & en tirer des principes inconnus jusqu'icy pour appuyer sa Philosophie ?

Cependant je croi pouvoir assurer que ce n'est point cette pretenduë raison éternelle qui éclaire toutes les intelligences ; mais que c'est cette vigoureuse imagination que nôtre Cartesien reconnoît lui-même pour une source féconde d'erreurs, qui lui a dicté toutes ces décisions touchant la nature & les facultez de nôtre ame. La vûë du corps, pour me servir de ses expressions, a certainement ébloüi son esprit par une comparaison de l'ame avec la matiere, qui lui donnoit la facilité de s'exprimer d'une maniere sensible. Comparaison qui n'a pour tout fondement, comme nous l'avons déja remarqué, qu'une fausse notion de l'esprit, comme d'un être brut, sans action & sans vie : comparaison cependant que l'Auteur ne fait pas difficulté de supposer dans la suite de ses ouvrages comme un principe démontré au commencement de la Recherche ; il falloit sans doute qu'il en fût si fort épris, qu'il s'imaginât de bonne foi en avoir prouvé la justesse par quelque bonne raison, quoiqu'en effet il n'eût pas seulement pensé à en apporter aucune. Mais examinons plus en détail dans quels égaremens ce grand genie s'engage dès le premier pas de sa Metaphysique.

IV. D'abord je ne comprens pas

comment nôtre Philosophe a pû, sans se contredire tres-manifestement lui même, déterminer comme il a fait, & l'essence & les proprietez de l'ame. J'en fais Juges les Lecteurs.

R. T. 1
l. 3. 2.
p. 6. 7
p. 222.
&c.
T. 2. p.
261. E-
clair-
10. M.
l. 196.
&c.

C'est un principe des plus dominans chez le P. M. que nous ne pouvons connoître la nature, l'essence, les proprietez, les modifications d'une chose, que par l'idée claire de cette chose, & que dans son essence ou archetype intelligible.

Or selon ce même Auteur, nous n'avons point l'idée claire ni de la nature ni des modifications de nôtre ame; nous ne la connoissons point du tout par son idée. C'est une proposition qui se trouve presque à toutes les pages de ses Livres, & qu'il prouve au long dans

R. T. 2.
p. 273.
Eclair.
11.

un éclaircissement fait exprés contre d'autres Cartesiens, qui pretendent que la nature de l'esprit est plus connuë que celle de toute autre chose.

Comment donc décide-t-il, que la seule pensée constituë l'essence de l'ame : que l'ame est un être entierement passif : que l'entendement ne renferme aucune action : que la volonté n'est pas essentielle à l'esprit, qu'elle lui est même aussi accidentelle, que le mouvement l'est au corps : qu'elle n'est qu'une impression, qu'un mouvement actuel, par lequel l'Auteur de nôtre être nous pousse vers le bien en general, de la même façon qu'il meut les corps ? Comment trouve-t-il tant de ressemblance entre les facultez de la matiere & celles de l'esprit ; qu'il pretende nous développer tout ce qui appartient à l'esprit d'une maniere aussi claire qu'on conçoit & qu'on développe ce qui appartient à la matiere ? Comment a-t-il sçû que les perceptions des idées étoient à l'ame ce que les figures extérieures sont au corps; & que les sentimens ou perceptions sensibles faisoient dans la substance de l'esprit des changemens aussi considerables, que la difference de configuration en fait dans un morceau de matiere, qui devient successivement plusieurs especes de corps ?

Raprochons encore quelques autres passages de nôtre Philosophe.

E. 3. p. 73. 74. « N'ayant point d'idée de mon » ame, dit-il dans le troisiéme Entretien sur la Metaphysique, en s'adressant à Ariste son Disciple fi- » dele, n'en voyant point l'arche- » type dans le Verbe divin; je ne » puis découvrir en la contemplant, » ni ce qu'elle est, ni les modalitez » dont elle est capable, ni enfin les » rapports qui sont entre ces mo- » dalitez...... Tout cela, mon » cher Ariste, parce que, comme » je vous ai déja dit, je ne suis » point ma lumiere à moi-même;

que ma substance & mes moda- « litez ne sont que tenebres ; & que « Dieu n'a pas trouvé à propos « pour bien des raisons de me dé- « couvrir l'idée ou l'archetype qui « represente la nature des êtres spi- « rituels.... Mais comme on ne « peut connoître la nature des « êtres que dans la raison qui les « renferme d'une maniere intelligi- « ble. ... ce n'est qu'en elle que je « puis découvrir ce que je suis, & « les modalitez dont ma nature « est susceptible. » Ariste lui-même peut-il n'être pas étonné après cela, d'entendre son Docteur assurer, qu'on ne peut douter après y avoir pensé, que l'ame ne soit une pensée ou une perception substantielle : que cette pensée ne soit une pure capacité entierement passive de recevoir differentes modifications : que de ces modifications, les unes soient exterieures & superficielles à l'esprit, comme la

Ib. p. 75.

rondeur l'est à la cire ; les autres lui soient intimes, le penetrent & le changent, en le faisant aussi different de lui-même, que le changement de configuration des petites parties de la cire fait ce corps different de lui-même lorsqu'il se resout en feu & en fumée ?

Mais n'est-ce point que ce Philosophe au défaut d'une idée claire, auroit appris ce qu'il dit de l'ame, par le sentiment interieur que chacun a de ce qui se passe en lui-même ? Car c'est encore une autre voye de s'assurer parfaitement de bien des choses que la lumiere ne découvre pas. Point du tout. Ecoutons-le parler de ce sentiment interieur par rapport à la connoissance de la nature spirituelle, & nous verrons qu'il ne s'accorde pas mieux avec soi-même sur cette seconde voye de connoître les choses, que sur la premiere.

L'ame, dit-il dans sa réponse à

M. Regis, ne se voit pas, elle ne « R. T. 2.
se connoît pas.... Elle se voit & « p. 171.
se connoît, si on le veut, mais «
uniquement par sentiment inte- «
rieur; sentiment confus, qui ne «
lui découvre ni ce qu'elle est, «
ni quelle est la nature d'aucune «
de ses modalitez. Ce sentiment «
ne lui découvre point qu'elle «
n'est point étenduë;encore moins «
que la couleur, que la blancheur, «
par exemple, qu'elle voit sur ce «
papier, n'est réellement qu'une «
modification de sa propre sub- «
stance : ce sentiment n'est donc «
que tenebres à son égard; quel- «
que attention qu'elle y donne, «
il ne produit en elle aucune lu- «
miere, aucune intelligence de la «
verité. » Il avoit déja dit dans la
seconde partie du Livre troisiéme
de la Recherche, qui traite de l'esprit pur : Que le sentiment inte- « R. T. 1.
rieur, ou la conscience, nous ap- « l. 3. p.
prenoit si peu de choses touchant « 2. c. 7. p. 224.

B vj

36 *Réfut. d'un nouveau Syst.*

R t. 1.
I. 3. 2.
p. 67,
p. 224.
»nôtre ame, qu'il se pouvoit faire
»que ce que nous en connoissons
»ainsi, ne fût presque rien de ce
»qu'elle est en elle-même, & que
»cette conscience ne nous mon-
»trât peut-être que la moindre
»partie de nôtre être.

Donc la conscience ou le senti-
timent interieur ne nous assure
point que la pensée actuelle constituë seule toute l'essence de nôtre ame & de tout autre esprit; que
cette pensée substantielle ne soit
qu'une capacité purement passive
d'être affectée de perceptions, &
mûë ou poussée comme une boule
de bois vers quelque objet.

M. 9. p. 196.
R. T. 2 p. 261.
Eclair. 10,

Rassemblons donc en un seul
point de vûë toutes ces contradictions. Le P. M. ne reconnoît que
deux voyes, que deux manieres
par où l'on puisse connoître les
choses : *Sentiment*, ou *Idée*. Or

Ib. p. 273. Ec. II.

il soûtient que nous n'avons point
l'idée de nôtre ame, ni de ses pro-

priétez, ni de ses modifications: ce n'est donc pas par l'idée qu'il sçait que l'ame n'est qu'une pensée substantielle, & purement passive; que la volonté, n'en est qu'une proprieté accidentelle sans laquelle elle peut non-seulement être conçuë, mais même exister, comme la matiére peut exister sans mouvement; que les perceptions pures n'en sont que des modifications legeres & superficielles; que les sentimens sont des modifications intimes à sa sustance, qui répondent parfaitement aux configurations des petites parties interieures de chaque espéce de corps.

Mais il avouë aussi, ou plûtôt il soutient de même, que le sentiment interieur ou la conscience, ne découvre point ni ce qu'est l'ame, ni quelle est la nature d'aucune de ses modalitez, que ce sentiment ne découvre pas même que l'ame ne soit point étenduë; enco-

Ib. p. 171. Rep. à M. Regis T. 1. l. 3. 2. p. c. 7. p. 224.

re moins, que la couleur, la blancheur, & par conséquent la douleur, le plaisir, &c. ne soient réellement que des modifications de sa substance. Ce n'est donc point non plus la voïe du sentiment qui lui a appris tout ce qu'il nous a dit & de l'essence, & des proprietez, & des diverses modifications de l'ame.

Donc il n'a point parlé conséquemment à ses principes ; donc il s'est manifestement contredit lui-même : quand il nous a débité toute sa nouvelle Doctrine sur la nature, les proprietez & les modifications de l'ame. Ce fait me paroît mieux démonstré que la justesse de sa comparaison entre l'esprit & la matiére.

Cette Doctrine néanmoins de l'essence passive de l'ame est un point fondamental dans le nouveau systême, comme on le verra par la suite. Ainsi qu'on juge quelle croïance merite un Philosophe qui commence par ne s'entendre pas lui même sur un article essentiel de sa Philosophie.

V. En effet, comment pourroit-il s'entendre, lorsqu'il bâtit sur une idée aussi fausse qu'est celle qu'il nous donne de la substance spirituelle, comme d'une pensée actuelle, & pensée qui n'est rien que de passif, qui n'est qu'une pure capacité.

Certes qui dit pensée, dit connoissance d'un objet, & connoissance qui renferme réfléxion : Penser, c'est connoître de maniere qu'on sçache que l'on connoît. Or qui dit connoissance, dit un sujet aussi-bien qu'un objet de cette connoissance ; qui dit réfléxion, dit quelque chose qui réfléchit : par conséquent qui dit pensée, dit un être qui pense, un être à qui appartient cette pensée; un être qu'on conçoit nécessairement préalable à la pensée qu'il a ; ainsi ce n'est pas la pensée même, mais c'est cet être sujet de la pensée, qui est la substance pensante. Voilà de quoi le sentiment interieur ne permet pas de douter à tout homme qui le consulte de bonne foi. J'aimerois autant dire que la pensée est la chose même à quoi l'on pense, ou le terme pensé; que de dire que c'est la chose même qui pense, ou le sujet pensant : car ce sujet doit être distingué de l'action même de penser ou de la pensée, aussi-bien que le terme. De même à peu-prés que l'image de l'objet qui se peint dans l'œil ou l'action du corps lumineux sur la retine, est aussi differente en un sens de l'œil, qui est l'organe de la veuë, que de l'objet même qui est veu. Et si l'Auteur nous disoit que cette image est l'œil même ou l'organe de la veuë; son paradoxe ne seroit pas plus insoûtenable, que celui qu'il avance en soûtenant ; que la pensée même, est la substance pensante.

Le P. M. conçoit-il encore ce que c'est qu'une pensée qui a d'autres pensées lesquelles se succedent à tous momens : ou, pour mettre la définition à la place du défini ; methode que lui-même employe volontiers lorsqu'il veut s'égayer aux dépens d'Aristote. Conçoit-il ce que c'est qu'une connoissance accompagnée de réfléxion, qui a successivement un infinité d'autres connoissances accompagnées de réfléxion ?

Enfin, ce grand Philosophe a-t'il bien pensé à ce qu'il dit ; lorsque d'un côté il prétend que l'esprit n'est qu'une pensée subsistante; & que de l'autre il enseigne que ces pensées particulieres qu'il nomme sentimens ou modifications de l'ame, produisent dans la pensée substantielle, ou dans la substance de l'esprit les mêmes change-

42 *Réfut. d'un nouveau Syst.*

<small>R. T. I.
l. 1. c.
1. p. 3.
& 4. c.
16. p.
71.</small>

mens que fait dans les corps la différence des configurations de leurs petites parties interieures ; ensorte que selon lui, l'ame modifiée d'une sensation de froid, differe autant d'elle-même, ou de ce qu'elle étoit quand elle avoit une sensation de chaud ; que le feu differe de l'eau, la cire du fer, & le miel du sel ; car ce sont ses propres termes & ses comparaisons ? Ne s'ensuit-il pas de-là que comme le feu & l'eau, le sel & le miel, sont des espéces de corps qui different essentiellement, de l'aveu même de l'Auteur : de même ma pensée substantielle, ou mon ame sentant du froid ; & ma pensée substantielle, ou mon ame sentant du chaud ; sont deux ames qui different essentiellement entr'elles ; sont deux ames aussi differentes que le sel & le miel, que le feu & l'eau sont deux differens corps ? Que ne pourroit-on point conclure d'un tel principe; s'il n'étoit encore plus abſurde qu'il n'eſt dangereux ? Et à quels étranges ſoupçons cet Auteur n'expoſe t'il pas ſa Doctrine par de pareilles propoſitions ? Par exemple, que répondroit-il lui-même à un libertin qui en ſeroit venu juſqu'à ce point d'extravagance, que de ſe perſuader qu'à tous momens il a differentes eſpéces d'ames : que ſon ame qui eſt aujourd'hui ſoüillée par le peché, n'eſt point ſon ame qui étoit autrefois ornée de la grace; & que Dieu doit récompenſer celle-ci, s'il punit celle-là ?

Il eſt vrai que toutes nos penſées ſont fort différentes entr'elles, & qu'elles changent à tous les inſtans; mais c'eſt juſtement cela qui démontre, que l'eſſence de l'eſprit, que la ſubſtance de l'ame n'eſt point une penſée actuelle; comme l'eſſence du corps n'eſt point telle ou telle figure : mais que l'ame ou l'esprit est une substance, qui demeurant toûjours fixe & la même, est le sujet de toutes ces diverses pensées qui se succedent en elle : de même que le corps est le sujet des différentes figures qu'on lui imprime, sans être aucune de ces figures en particulier.

Et il ne sert à rien de dire que l'ame pense toûjours à l'Etre vague, autre idée de nôtre Philosophe, qu'on examinera dans son lieu. Car premierement, cela ne prouveroit rien autre chose, sinon que cette substance spirituelle exerceroit continuellement la faculté qu'elle a de penser ; à cause que par son union avec le corps quelqu'un de ses sens est toûjours excité, & l'excite toûjours elle-même à penser. Secondement, si le P. M. prétendoit tirer de-là un argument pour prouver que l'essence de l'ame consiste dans la pensée actuelle ; il feroit manifestement un cercle : car il ne peut s'assûrer que l'ame pense toûjours, que parce que la pensée actuelle est selon lui ce qui constituë l'essence de l'ame ; puisqu'il est certain, & qu'il avouë lui-même, que nous ne nous souvenons pas d'avoir pensé en bien des occasions : il ne peut donc plus conclure que la pensée soit l'essence de l'ame, parce que l'ame pense toûjours.

M. Descartes pour qui nôtre Auteur conserve beaucoup d'attachement ; avoit, ce me semble, parlé bien plus juste en disant que la pensée étoit ; *Quod fit in nobis, nobis consciis ;* ce qui se passe en nous avec conscience : car il est manifeste par cette définition, que la pensée n'est donc pas nous mêmes qui pensons & en qui se passent les choses dont nous avons conscience : & si ce Philosophe a cependant lui-même jugé autrement de

1. partie des principes n. IX.

l'essence de l'esprit, il n'a certainement pas assez suivi sa propre définition de la pensée.

VI. Mais quand le P. M. ajoûte que la pensée substantielle, l'entendement, la faculté de prévoir, en un mot, l'essence de l'esprit; n'est rien que de purement & entierement passif, & ne renferme aucune action; il acheve à mon avis, de se perdre dans ses fausses idées, & montre qu'il n'a gueres préveu ni combiné les consequences que pouvoient avoir ses opinions.

R. T. I.
l. 1. c. 1.
p. 3. 4.

Car enfin, si l'ame n'est qu'une substance purement passive & sans action, elle ne differe plus à cet égard d'un bloc de matiére : par conséquent, ni les perceptions pures dont les idées l'affectent, & qui ressemblent aux figures exterieures des corps ; ni les perceptions vives qui la pénétrent, la modifient, & la changent, comme les configurations des petites

parties de la matière changent la forme des corps ; n'exciteront pas plus en elle ni connoissance, ni sentiment ; que l'empreinte d'une figure, ou le changement de configuration en excite dans un morceau de cire. Cela saute aux yeux ; & je n'ai pas besoin d'étendre davantage cette réflexion, que j'aurai encore lieu de faire dans la seconde partie, aprés qu'on aura veu la Doctrine de nôtre Auteur sur la nature des idées. 2. *p. e.*
4. *n.* VII.

De plus, si l'essence de l'esprit consiste dans une capacité purement passive de recevoir différentes modifications : qui ne voit qu'il est impossible que la volonté, laquelle n'est selon la nouvelle Doctrine qu'une simple proprieté, ou plûtôt qu'une modalité accidentelle de la substance spirituelle ; soit une faculté active ? Car en bonne Métaphysique il y a contradiction, qu'une proprieté soit plus noble &

48 *Réfut. d'un nouveau Syst.*
plus excellente que l'essence d'où elle coule; comme il repugne qu'un effet soit plus parfait que sa cause. Aussi nôtre Cartésien enseigne-t'il que la volonté n'est qu'une impression, qu'un mouvement par lequel l'esprit est poussé & porté vers le bien en general. Or cette impression, ce mouvement entant que reçu dans l'esprit, ne peut certainement être rien de plus actif; que le mouvement par lequel je pousse une boule, entant que reçu dans cette boule : l'esprit aussi-bien que la boule, est mû ; & ne se meut pas : l'impression qu'il reçoit, est par rapport à lui une pure passion, & nullement une action.

R. T. 1.
l. 1. c. 1.
p. 5.

Que ce nouveau Cartésien ne détourne-t'il son esprit des fausses lueurs qui le frappent & l'emportent dans des précipices ; pour faire un peu plus d'attention à ce que nous pouvons connoître de la nature de la pensée par l'experience
de

dé ce qui se passe en nous : il découvrira aisément que penser c'est, comme j'ai déja dit, connoître avec réfléxion sur sa propre connoissance : Or certainement on ne concevra jamais, que la réfléxion de l'esprit sur sa connoissance directe ; ou plûtôt qu'une connoissance réfléxive, ne soit pas une veritable action : ainsi il est très-faux que la faculté de penser, ne renferme aucune action. Mais nous n'avons point d'idée claire d'action, dira nôtre Philosophe : je l'accorde si on le veut ; mais cela fait contre lui. Car il n'a donc pas dû nier de l'esprit une chose dont il n'a point d'idée, contre le sentiment interieur, qui est la seule voïe par laquelle nous puissions nous instruire des facultez de nôtre ame. Revenons à nôtre question principale : qui dit pensée, dit donc action : or qui dit action, suppose une chose, un être, une substance qui agit, & qui est fort differente de son action. Donc la pensée n'est point la substance même pensante : l'esprit est quelqu'autre chose que la pensée.

VII. Le P. M. répondra peut-être, que cette substance pensante que les Philosophes de l'Ecole imaginent au-delà de la pensée, n'est qu'un terme Logique qui ne signifie rien. Mais je lui dis moi qu'il répugne, que la pensée qui est une action très-réelle & très-physique, soit l'opération d'un être creux & purement Logique. Quant au mépris qu'il a pour les Philosophes de l'Ecole ; je croi qu'on a déja veu, & j'espere qu'on verra dans la suite de cet Ouvrage, qu'il y a beaucoup dans sa Métaphysique de quoi faire estimer ces Philosophes à ses dépens.

Il répondra encore, que nous devrions donc connoître cet être, qu'on donne pour le sujet de la

pensée. A cela je lui répons moi,
1°. que nous devrions le connoître, si nous connoissions nôtre pensée par idée claire, comme nous connoissons, par exemple, la figure ronde ou quarrée. Mais ne connoissant nôtre pensée que par sentiment, selon lui-même, il n'a nulle raison de dire dans ses principes, que ce sentiment obscur & confus nous dust faire connoître le sujet, ou la substance même qui pense; puisqu'il avoüe, que la conscience que nous avons de nous-mêmes, ne nous montre peut-être que la moindre partie de nôtre être. En effet, il n'a d'autre fondement de dire qu'on ne connoît point un mode sans connoître son sujet; que parce que cela se remarque dans les figures, & le mouvement des corps : mais il n'y a aucune parité entre la maniére dont nous connoissons les figures, par des idées claires ; &

R. T. I.
L. 3. 2.
p. c. 7.
f. 224.

C ij

celle dont nous connoiſſons nôtre penſée, par ſentiment obſcur : par conſéquent, il n'y a pareillement aucun fondement de raiſonner de l'une à l'autre. Je répons, 2. Que par le ſentiment que nous avons de nôtre penſée, nous connoiſſons effectivement qu'elle a un ſujet, qu'elle eſt la maniére d'être d'une ſubſtance ; nous ſentons bien qu'il y a quelque choſe au-delà de la penſée, qui eſt, ce qui penſe : mais nous ne le connoiſſons pas diſtinctement, comme ſi nous avions une idée claire de la penſée même : en penſant, je ſens le moi qui penſe ; mais je ne le découvre pas avec clarté.

Voyez les deux Chap. ſuivans ſur cet axiôme, ch. 2. n. IV.

CHAPITRE II.

De l'essence de la Matiére.

PEu s'en faut que nôtre Auteur ne se croïe un pur esprit, une pure pensée, une pure perception : il n'y a qu'une apparence d'Evangile intelligible, & de Prophêtes & d'Apôtres intelligibles qu'il rencontre dans son monde idéal, qui lui fasse croire par un Acte de Foy toute Divine, qu'il existe effectivement des corps; car il assûre qu'il ne connoît nullement par les lumieres de la raison que son ame soit unie à un corps; il dit même, que si l'on y prend garde de prés, c'est-à-dire, d'aussi prés que lui, ce que peu de gens ont fait jusqu'icy, l'on verra bien qu'il n'est pas possible de connoître avec une entiere évidence,

R. T. 2 p. 209. & 213. 214. Ecl. 6.

T. 1. L. 5. c. 5. p. 344. 345 Io. T. 2. p. 214.

54 *Réfut. d'un nouveau Syst.*
si Dieu est ou n'est pas véritablement Créateur du monde matériel & sensible. Enfin il regarde la question de l'existence des corps comme fort peu importante, parce que sa substance appercevante trouve assez de quoi se repaître dans la seule étenduë intelligible, cette matière du monde Métaphysique si féconde en une infinité de fruits Métaphysiques.

Il. & T.
2. L. 6.
2. p. c.
6. p. 74.
77. &c

I. Néanmoins parce que la Foy ne lui permet pas de doûter de la verité du Mystére de l'existence des corps; & qu'il croit pouvoir tirer de la connoissance claire de leur nature & de leurs proprietez, de très-grands avantages pour établir ses autres pensées. Il s'est fortement appliqué à prouver que l'essence de la matiére ou du corps, ne consiste que dans l'actuelle étenduë en longueur, largeur, & profondeur. De ce principe qu'il suppose évident par les prétenduës

R. T. 1.
L. 3. 1.
p. c. 1.
p. 186.
&c. 2.
p. c. 8.
p. 228.
229.
&c.

démonstrations qu'il en a apporté, & dont nous montrerons bien-tôt la vanité ; il conclut que la matiére est absolument impénétrable : *T. 2. L.* qu'elle ne renferme en elle que *6. 2. p.* deux proprietez ou deux facultez ; *c 4. p.* celle de recevoir des figures, & celle *T. 1. L.* d'être muë : tous les autres termes *1. c. 1.* de formes, de vertus, de qualitez *p. 2.* qu'on lui attribuë, sont selon lui des termes vagues & vuides de sens, que le Sage a prétendu pro- *T. 2. p.* scrire par ces paroles : *Scientia* *283.* *insensati inenarrabilia verba.* Ain- *Ecl. 12.* si son idée claire de la matiére, comme n'étant que l'étenduë impénétrable, lui montre encore évidemment que les differentes espéces de corps ne different essentiel- *T. 1 L.* lement que par les differentes con- *1 c 1.* figurations des petites parties qui *c. 16.* composent ces corps ; c'est tout ce *p. 71.* qu'on peut appeller leurs formes. Enfin cette admirable idée est si lumineuse, qu'elle l'instruit même de beaucoup de choses fort curieuses & fort importantes par rapport à sa substance pensante, que le sentiment interieur ne lui pouvoit apprendre ; comme par exemple, que la douleur & le plaisir sont des modifications de son ame & appartiennent à sa substance ; que son ame est bleuë, jaûne, verte, rouge, grise, &c. Quand il voit des corps que les ignorans Philosophes de l'Ecole qualifient mal-à-propos des noms de toutes ces couleurs : qu'elle devient puante, c'est son expression, quand il sent une charogne ; & de bonne odeur, lorsqu'il flaire un œillet. Voilà, comme on voit, un principe bien fécond ; examinons ce qu'on peut penser de sa solidité.

<small>E. 2 sur la mort. p. 367 R. T 2 p. 171 Rep. à M. Regis & p. 275 Eclair. 11.</small>

II.   Il y a long-temps qu'on reproche aux Cartésiens en général & au P. M. en particulier, que cette opinion qu'ils ont sur l'essence de la matiére, s'accorde fort mal avec la Doctrine de l'Eglise touchant la présence réelle du Corps de Jesus-Christ, dans la Sainte Eucharistie : & qu'une telle opinion tire son origine de l'hérésie de Calvin, avant lequel il n'étoit venu dans l'esprit de personne de nier la pénétrabilité des corps ; pénétrabilité que tous les S S. Peres ont supposée, comme une verité incontestable, dans les disputes qu'ils ont eu avec les Marcionites & les Manichéens, lesquels pour appuïer leurs folles erreurs sur la nature du Corps de Jesus-Christ, abusoient des passages de l'Ecriture où cette verité est clairement enseignée.

v. Maldonat in *cap. xx. Joan.*

Il y a long-temps aussi qu'on dit à ces nouveaux Philosophes, qu'ils ne répondent pas à une objection si sérieuse ; en protestant en général qu'ils sont toûjours prêts à soûmettre leur esprit à la Foy ; mais que les manières dont on ex-

R. T. T. *L. 3. 2¹. p. c. 8. f. 2 3. 1². x 3. 2.*

plique les Mystéres de la Foy, ne font pas de Foy... qu'on a tort de demander aux Philosophes qu'ils donnent des explications claires & faciles de la maniére dont le Corps de Jesus-Christ est dans l'Eucharistie, & autres choses semblables. Car, comme on le leur a cent & cent fois rebatu, on ne leur demande point qu'ils croient comme de Foy, certaines maniéres d'expliquer les Mystéres, qui ne sont pas de Foy, je dis *certaines maniéres;* car ce n'est pas parler en homme fort instruit, que de prononcer généralement, que les maniéres dont on explique les Mystéres ne sont pas de Foy. Encore moins leur demande-t'on qu'ils apportent de nouvelles explications; il seroit même fort à souhaiter que nôtre Auteur ne se fust jamais mêlé d'en donner, tant il y a mal réüssi: Mais on leur demande qu'ils n'admettent point

<small>Voyez la troisieme partie.</small>

dans leur mauvaise Philosophie, des principes qui choquent manifestement ce que la Foy nous enseigne sur le fond même des Mystéres. Ainsi le nouveau Disciple de M. Descartes devoit laisser toutes ces réponses vagues, pour ne s'attacher qu'à celle qu'il insinuë; sçavoir, que les preuves qu'on apporte ordinairement contre son sentiment, ne lui paroissent pas suffisantes pour ruïner ses raisons : Or je vais tâcher de montrer que ces preuves ne sont pourtant que trop suffisantes; & qu'il n'y a que ceux qui ne les ont pas bien approfondies qui ne s'y rendent pas.

Ibid.

Le Saint Concile de Trente nous déclare dans la treiziéme session, Chap. 3. que ç'a toûjours esté un point de Foy dans l'Eglise; qu'aussi-tôt aprés la consécration, le vrai Corps de Nôtre-Seigneur, & son vrai Sang avec son ame & sa Divinité existoient sous les espéces

Trid. sess. 13.

du pain & du vin... qu'ainsi il étoit très-vrai qu'il y avoit tout autant sous l'une des deux espéces, que sous toutes les deux ensemble : parce que Jesus-Christ existe tout entier, tant sous l'espéce du pain & sous châque partie de cette espéce, que sous l'espéce du vin & sous chacune de ses parties. *Semper hæc fides in Ecclesiâ Dei fuit, statim post consecrationem verum domini nostri Corpus verumque ejus Sanguinem sub panis & vini specie unà cum ipsius animâ & divinitate existere.... quapropter verissimum est tantumdem sub alterutrâ specie, atque sub utrâque contineri : totus enim & integer Christus sub panis specie & sub quâvis ipsius speciei parte; item sub vini specie & sub ejus partibus existit.* Or je demande à tout homme veritablement Catholique, qui a pour l'autorité d'un Concile œcumenique représentant l'Eglise universelle, le respect & la parfaite soumission d'esprit & de cœur qui lui est dûë; je lui demande s'il ne pense pas que ces paroles l'obligent à croire, comme le croïent en effet tous les Fidéles; que le vrai Corps de Jesus-Christ existe tout entier tel, & le même, quant à la masse de sa matiére, qu'il étoit lorsque le Sauveur instituant cet adorable Sacrement, dit à ses Disciples: *Prenez & mangez, ceci est mon Corps qui sera livré pour vous*; tel qu'il étoit sur la Croix; tel qu'il est maintenant dans le Ciel? Je lui demande encore s'il ne conçoit pas par les mêmes paroles du Saint Concile, qu'il y a tout autant de la matiére du Corps de Jesus-Christ, sous une seule des deux espéces, que sous les deux ensemble: parce que Jesus-Christ repliqué sous les deux espéces, n'est cependant que le seul & même Jesus-Christ qui existe tout entier sous une seule des deux ? Enfin je lui demande si le sens naturel de ces mots : *Totus & integer Christus sub panis specie, & sub quâvis ipsius speciei parte existit*, n'est pas qu'aussi-tôt aprés la consécration Jesus-Christ tout entier, & par consequent tout le Corps entier de Jesus-Christ existe, non-seulement sous toute l'espéce du pain, mais même sous chaque partie sensible qu'on peut assigner dans cette espéce ? Encore une fois je prétens m'addresser dans ces demandes à un parfait fidéle, sur l'esprit duquel le sentiment de l'Eglise universelle ait tout le poids qu'il merite ; je ne m'addresse point à des hommes entêtez de leurs opinions, jusqu'à oser balancer leurs propres lumieres avec cete respectable autorité; à des hommes hardis à chicaner sur les décisions mêmes, à éluder les Anathêmes les plus formels par

de Métaphysique. 63
de frivoles distinctions, dont ils seroient les premiers à se moquer, si on s'en servoit contre eux : ce n'est pas de telles gens qu'il faut consulter pour sçavoir quelle déference on doit avoir pour les enseignemens d'un Concile.

Cependant il est manifeste que, supposé, que l'essence du corps consiste dans l'étenduë actuelle & impénétrable ; tout le Corps entier de Jesus-Christ ne peut pas exister sous l'espéce d'une petite Hostie, tel quant à la masse & à la quantité de matiére, qu'il étoit la veille ou le jour de sa passion ; puisque sous cette espéce à peine peu-til avoir la dixmilliéme partie de l'étenduë qu'il avoit alors. Il est impossible aussi qu'il y ait autant de ce Corps adorable sous la seule espéce du pain que sous les deux espéces ensemble du pain & du vin ; puisque le volume d'une petite Hostie, peut n'être pas la cen-

64 *Réfut. d'un nouveau Syst.*
tiéme partie d'un grand volume de l'espéce seule du vin consacré, & que par conséquent, le Corps de Jesus-Christ contenu dans l'Hostie, ne sera pas la centiéme partie du Corps contenu sous la seule espéce du vin. Enfin, il est impossible que ce sacré Corps soit en même temps sous toute l'espéce, soit du pain, soit du vin, & sous chaques parties de cette espéce; puisque cela ne se peut faire sans pénétration.

Il est donc manifeste que le nouveau sentiment détruit absolument ce que le Saint Concile nous enseigne, comme très-veritable, & comme un point de Foy, qui a toûjours été crû dans l'Eglise.

Des Chapitres, passons aux Canons : il est expressément décidé dans le premier & le troisiéme Ca-
R. sess.
13.
non, sur tout dans le troisiéme, qu'il suffit de rapporter icy ; que Jesus-Christ est contenu tout en-

tier dans le vénérable Sacrement de l'Eucharistie sous chacune des espéces, & sous toutes les parties de chaque espéce, la séparation étant faite. *Si quis negaverit in venerabili Sacramento Eucharistiæ sub unâquâque specie & sub singulis cujusque speciei partibus, separatione factâ, totum Christum contineri ; Anathema sit.* Or, peut-on dire avec la moindre vrai-semblance, que Jesus-Christ soit tout entier dans le vénérable Sacrement de l'Eucharistie, s'il n'a pas dans ce Sacrement la dixmilliéme partie de son étenduë, supposé que l'étenduë soit la matiére & l'essence même de son Corps ? Peut-on s'imaginer qu'il soit tout entier dans une très-petite Hostie, comme il est tout entier sous un très-grand volume de l'espéce du vin ; si son Corps, qui est dans l'Hostie, n'est peut-être pas la centiéme partie de son Corps, qui est sous l'espéce du vin ? N'est-ce pas se moquer des décisions de l'Eglise, que de les détourner à des sens imaginez, exprés pour appuïer de si bizarres pensées.

Quant à ce que le Canon ajoûte, que Jesus-Christ se trouve tout entier sous toutes les parties de chaque espéce, la séparation étant faite : cela ne signifie-t'il pas très-évidemment qu'avant la séparation des parties de l'espéce du pain, par exemple, le Corps de Jesus-Christ est tout entier sous cette espéce sans aucune étenduë ? Car si ce sacré Corps étoit étendu sous cette espéce, les parties de ce Corps répondroient à differentes parties de l'espéce ; ainsi ce Corps auguste seroit divisé lui-même par la division des parties de l'espéce, & ne se trouveroit pas tout entier sous chacune de ces parties divisées de l'espéce.

Ajoûtons encore icy ce que por-

de Métaphysique. 67
re la formule du Concile général de Constance, dressée contre les Hussites & les Wicleffistes par rapport à la présence réelle du Corps de Jesus-Christ au Saint Sacrement. Selon cette formule, on doit interroger tout homme suspect des erreurs de ces deux Hérésiarques ; s'il croit que Jesus-Christ soit dans le Sacrement de l'Autel le même en tous sens, qu'il étoit sur la Croix, & qu'il est présentement à la droite de son Pere. S'il croit encore & assûre, que le Corps de Jesus-Christ, soit absolument le même sous chacune des deux espéces ? *Utrum credat quod post consecrationem Sacerdotis in Sacramento altaris sub velamento panis & vini non sit panis materialis, & vinum materiale, sed idem per omnia Christus qui fuit in cruce passus, & sedet ad dexteram Patris ? Item utrùm credat & asserat quod factâ conse-*

cratione per Sacerdotem sub solâ specie panis tantùm, & præter speciem vini sit vera caro Christi & sanguis & anima & deitas, & totus Christus ac idem corpus absolutè & sub unâ quâlibet illarum specierum singulariter?

Certes je desirerois bien nos Philosophes de répondre sincerement & catholiquement à ces deux interrogations, sans abandonner leur opinion sur l'essence de la matiére. Car pourroient-ils assûrer & jurer de bonne foy qu'ils croient que Jesus-Christ est au Sacrement de l'Autel, le même *en tous sens*, *idem per omnia*, qu'il étoit sur la Croix, & qu'il est maintenant dans le Ciel; tandis qu'ils seroient persuadez que cet Homme-Dieu n'a pas dans le Sacrement la milliéme partie du Corps qu'il avoit sur la Croix, & qu'il a maintenant dans le Ciel? En quelle conscience assûreroient-ils & jureroient-ils encore, qu'ils croïent que le Corps du Sauveur est absolument le même, *idem absolutè*, sous l'une & l'autre espéce; lorsqu'ils seroient persuadez que ce Corps adorable est vingt, cinquante, cent fois plus petit sous telle espéce du pain, que sous telle espéce du vin?

III. Je laisse à penser, aprés cela, ce qu'on doit juger de la maniére dont on explique dans le nouveau systéme, comment le Corps de Jesus-Christ existe dans la Sainte Eucharistie. Cette jolie explication se trouve dans un recuëil de quelques piéces curieuses concernant la Philosophie de M. Descartes, imprimé par un Ministre Calviniste, à Amsterdam chez Henry Desbordes en 1684. & je ne crois pas que le P. M. la désavoüe, quoiqu'il n'ait pas voulu qu'elle portast son nom. Il paroît même que c'est celle qu'il avoit en quelque façon promise par ces paroles de la Recherche de

la verité : « Si toutesfois on croïoit
» qu'il fust à propos, pour la satis-
» faction de quelques esprits, d'ex-
» pliquer comment le sentiment
» qu'on a de la matiére, s'accor-
» de avec ce que la Foy nous en-
» seigne de la transubstantiation ;
» on le feroit peut-être d'une ma-
» niere assez nette & assez distinc-
» te, & qui certainement ne cho-
» queroit en rien les dicisions de
» l'Eglise ; mais on croit pouvoir
» se dispenser de donner cette ex-
» plication, principalement dans
» cet Ouvrage. Or la voici rédui-
te en peu de mots, cette explication nette & distincte qui ne choque en rien les décisions de l'Eglise.

On peut dire que nôtre corps
ne comprend necessairement & absolument, que cette très-petite partie du cerveau à laquelle l'ame est
immédiatement unie : car on doit
regarder toutes les autres parties,
comme des parties purement inté-

grantes, qui servent seulement à la perfection du corps; desorte qu'un homme ne laisse pas d'avoir un vrai corps humain, quoiqu'il manque de ces parties, de même que quand il a perdu un bras ou une jambe. Pourveu donc que dans l'Eucharistie il se trouve sous la moindre particule sensible, cette portion du cerveau où aboutissent les fibres des nerfs, laquelle nous pouvons supposer aussi petite qu'on le voudra, à cause de la divisibilité de la matière à l'infini; l'Ame de Jesus-Christ étant unie à cette portion qui lui suffira pour estre l'occasion de ses pensées, & qui pourra recevoir réciproquement différens mouvemens à l'occasion des pensées & des volontez de cette sainte Ame; on ne devra plus avoir aucune difficulté à dire que Jesus-Christ est présent dans le Sacrement.

Je croirois faire tort à ceux qui

me font l'honneur de lire cet écrit, si je mettois icy des réfléxions qu'ils feront mieux que moi, sur cette bizarre maniere d'expliquer un Mystere si auguste. Je ne puis cependant en obmettre une qui me fournit une nouvelle preuve de l'opposition manifeste, qui est entre la nouvelle opinion & ce que la Foy nous apprend touchant l'adorable Eucharistie.

L'Auteur de cette plaisante explication admet la réplication des corps possible : selon lui cette très-petite partie du cerveau de Jesus-Christ, qui étant unie avec sa Sainte Ame, fait tout l'homme contenu sous les espéces Sacramentelles, est reproduite ou repliquée autant de millions de fois qu'il y a d'espéces consacrées. Néanmoins, si l'étenduë actuelle constituë l'essence du Corps; il ne paroît pas que cette réplication, ou réproduction dans un lieu d'un corps qui existe

existe actuellement dans un autre lieu, soit possible; il est au contraire évident qu'elle renfermeroit une contradiction. Et pour le prouver, je n'ay qu'à faire un raisonnement tout semblable à celui que fait le P. M. pour prouver l'impénetrabilité. Il y a contradiction, dit-il, " que deux pieds d'étenduë n'en " fassent qu'un : donc si l'on con- " sidere avec attention l'étenduë, " & sans aucune prévention, on " verra d'abord qu'elle est impé- " nétrable. Et moi je dis pareille- " ment: il y a contradiction qu'un seul pied d'étenduë en fasse ou en soit deux : or certainement un pied cubique d'étenduë qui est à Paris, & un pied cubique d'étenduë qui est à Rome, sont deux pieds cubiques d'étenduë ; car il est impossible de rien concevoir dans ces pieds cubiques, par où ils ne different entierement l'un de l'autre ; comme il est impossible de rien

R. T. 2.
l. 6. 2.
p. c. 4.
p. 46.

Tome I.   D

assigner par où ils ne fussent qu'un seul & même pied : sur tout dans la nouvelle Métaphysique, qui ne reconnoît rien dans la matiére & dans le corps, que l'étenduë même, & la capacité qu'elle a de recevoir des figures & du mouvement. Donc, si l'on considére avec attention l'étenduë, l'on verra d'abord qu'une même portion d'étenduë ne peut pas exister en deux differens lieux : donc l'étenduë étant l'essence même du corps, il y a contradiction qu'un corps puisse être repliqué : d'où il s'ensuit que le Corps de Jesus-Christ, qui est sous les espéces, n'est point du tout le même, que celui qui est assis à la droite du Pere dans le Ciel : mais que Jesus-Christ a autant de differens Corps, qu'il y a d'Hosties consacrées.

Il est vrai pourtant que l'Auteur de l'explication que nous avons rapportée, se fait fort de démonrer la possibilité de cette reproduction ou replication; & voici comme il s'y prend : Il n'est pas plus difficile à Dieu de conserver en même temps un corps en deux lieux différens, que de le conserver pendant deux instans différens au même lieu; car la force de la volonté de Dieu n'est pas épuisée par l'existence qu'elle donne à ce corps dans le lieu A. ainsi elle peut lui donner encore une autre existence dans le lieu B. donc la replication est très possible. Mais j'admire ce Philosophe, de ne pas voir que son principe de l'étenduë comme essence de la matière, ne peut absolument subsister avec la reproduction d'un même corps; puisqu'il n'y a pas moins de contradiction, qu'un seul pied d'étenduë en soit deux; qu'il y en a, que deux n'en soient qu'un seul. Je m'étonne qu'il ne s'apperçoive pas que le même principe détruit & renverse son raisonnement : car ce principe posé, c'est une chose évidente, qu'il est absolument impossible à Dieu de conserver en même temps un même corps dans deux lieux A. & B. puisque ce seroit faire qu'un fust, deux & un seul en même temps : au lieu qu'un corps n'en devient pas deux, pour exister pendant plusieurs momens. Comment n'a-t'il pas entreveu cette disparité ? Que penseroit-il selon ses principes, de ce raisonement : Il n'est pas plus difficile à Dieu de conserver deux corps en même temps dans un même lieu ; que de les conserver, quoique separez de lieux, dans un même instant : car la force de la volonté de Dieu n'est pas épuisée par l'existence qu'elle donne au corps A. dans tel lieu ; ainsi elle peut encore faire exister le corps B. dans le même lieu : donc la pénétration des corps est possible. Sans doute nôtre Philosophe repliqueroit, que l'impossibilité de la pénétration ne se prend pas du côté de la force ou de l'impuissance de la volonté de Dieu : mais uniquement de l'idée de l'étenduë, comme essence du corps ; qui fait qu'il y auroit contradiction que deux pieds d'étenduë n'en fissent qu'un. Je lui répons de même : que supposé la verité de son idée de l'étenduë comme essence du corps, l'impossibilité de la replication ne se prend pas du côté de la volonté de Dieu ; mais qu'elle se prouve, parce qu'un pied d'étenduë repliqué, seroit un & deux en même temps, ce qui répugne.

Il raisonneroit donc bien plus conséquemment, s'il disoit avec le Philosophe de Caën, connu par la condamnation de son systéme sur l'Eucharistie ; que Dieu unit le pain & le vin tels qu'ils sont, en unité de nature avec l'Ame de Je-

Jus-Chrift, & en unité de personne avec la Divinité. Ou bien, si on le veut, que Dieu change, en vertu de la confécration, la configuration & l'arrangement des petites parties du pain & du vin, afin de leur donner la forme de chair, de fang, d'os, de nerfs, & qu'aprés avoir ainfi fait un corps humain de la matière ou de l'étenduë du pain & du vin, l'Ame de Jefus-Chrift fe trouve unie à ce Corps organifé, & à un million de Corps femblables, par un decret qui établiffe réciprocation de modalitez entre cette fainte Ame & tous ces petits Corps.

En effet, tout ceci s'accorde merveilleufement avec la feconde conclufion que nôtre Auteur tire, comme nous avons vû, de fon principe : fçavoir, que la forme & la difference effentielle des corps, par exemple, du fel & du miel, du feu & de l'eau, de l'or & du fer,

R. T. 1.
l. 1 c.
16. p.
71.

de Metaphysique. 79

de la chair & du pain, ne consiste que dans les différens arrangemens & les différentes configurations des petites parties qui composent ces corps : ainsi la configuration des parties du pain étant changée, voilà un corps humain en chair & en os, ou plûtôt, voilà une petite partie du cerveau qui differe essentiellement du pain; & ce corps est celui de Jesus-Christ, dés que l'Ame du Sauveur commence à y être unie par la mutuelle dépendance des modalitez réciproques. Certainement Luther & Calvin étoient de bien petits esprits, en comparaison de nos Cartésiens : l'un d'avoir admis une grossiere impanation : l'autre d'avoir nié la présence réelle de Jesus-Christ dans le Sacrement ; faute d'avoir sçû trouver une maniere si aisée, ou d'ôter le pain sans l'anéantir, ou de faire du pain même, le Corps de Jesus-Christ, sans grand mi-

D iiij

racle. J'oserois quasi dire que les SS. PP. & les Docteurs Catholiques meritent aussi le même reproche pour s'être beaucoup agitez à faire valoir les prodiges que le Sauveur avoit operez en nôtre faveur dans ce divin Sacrement, & à en rendre croïable la possibilité par des argumens tirez de la toute-puissance de Dieu; lorsqu'un peu de pénétration ou de vigueur d'imagination leur auroit pû faire voir qu'il n'y avoit peut-être aucun prodige, ni même aucun Mystére dans le don que Jesus-Christ nous faisoit de son Corps. Car je développerai dans la troisiéme partie de cet Ouvrage, certains principes du nouveau systéme; d'où il sera aisé de conclurre, que dans cette heureuse explication des nouveaux Cartésiens, il n'y a effectivement point de miracle selon eux. Tout s'y passe en conséquence des Loix naturelles de l'ordre immuable qui régle necessairement la conduite de Dieu.

Voilà quelques-uns des principaux argumens, qui prouvent que le sentiment du nouveau Philosophe ne peut pas subsister avec la foy de l'Eglise, par rapport à la présence du Corps de Jesus-Christ dans la Sainte Eucharistie; & c'est de ces argumens que le P. M. dit, *qu'il faut d'autres preuves pour ruiner les raisons qu'il a de persister dans son opinion;* cela veut dire qu'il compte beaucoup plus sur la pure raison, que sur quelque autorité que ce soit. Montrons lui donc, puisqu'il le faut, que la raison elle-même réprouve son opinion; & qu'ainsi il n'a nul fondement tolerable de s'aheurter à un principe si dangereux dans la Religion.

IV. Il me semble que je ne puis m'y prendre mieux, qu'en exposant les raisons mêmes par lesquelles le

R. T. 1. l. 3. n. p. c. 8. p. 23 &.

P. M. se croit bien autorisé à mépriser les preuves Théologiques qu'on a coûtume d'apporter contre son opinion : & en montrant la foiblesse & la fausseté de ces prétenduës raisons. Les voici conçuës dans les propres termes de l'Auteur, & revêtuës de toute la force qu'elles peuvent avoir.

R. T. 1.
l. 3. 2.
p. 8.
l. 230.
» Il est absolument necessaire que
» tout ce qu'il y a au monde soit,
» ou bien un *Etre*, ou bien *la ma-*
» *niere d'un Etre* : Or l'étenduë
» n'est pas la maniere d'un Etre :
» donc c'est un Etre... Pour prou-
» ver maintenant, que l'étenduë
» n'est pas la maniere d'un Etre;
» mais que c'est veritablement un
» Etre : Il faut remarquer qu'on ne
» peut concevoir la maniere d'un
» Etre, qu'on ne conçoive en mê-
» me temps l'Etre dont elle est la
» maniere ; on ne peut concevoir
» de rondeur, par exemple, qu'on
» ne conçoive de l'étenduë : parce

de Métaphysique. 83

« que la maniere d'un Etre n'étant
« que l'Etre même d'une telle fa-
« çon, il est visible qu'on ne peut
« concevoir la maniere sans l'Etre.
« Si donc l'étenduë étoit la manie-
« re d'un Etre, on ne pourroit con-
« cevoir l'étenduë sans cet Etre,
« dont l'étenduë seroit la maniere :
« cependant on la conçoit fort fa-
« cilement toute seule : donc elle
« n'est pas la maniere d'aucun Etre;
« & par consequent elle est elle-mê-
« me un Etre.

Secondement, on doit regar- « *Ib. p.*
der comme l'essence d'une cho- « 228.
se, ce que l'on reconnoît de pre- « 229.
mier dans cette chose, ce qui
en est inséparable, & d'où dépendent toutes les proprietez qui
lui conviennent… Or toutes les
proprietez qui conviennent à la
matiere, comme la dureté, la
molesse, la fluidité, le mouvement, le repos, la figure, la divisibilité, l'impénétrabilité, sup-
D vj

» posent l'étenduë, & l'étenduë
» elle-même ne suppose rien : ain-
» si l'on doit conclurre que l'éten-
» duë est l'essence de la matiere.
» Et je ne croi pas qu'il y ait per-
» sonne au monde qui en puisse
» douter, aprés y avoir serieusement
» pensé.

Ib. p. » Enfin, il est certain qu'on peut
E. 1. » former avec de l'étenduë toute
» seule, un ciel, une terre, &
» tout le monde que nous voions,
» & encore une infinité d'autres :
» ainsi ce quelque chose que les
» Philosophes supposent au de-là
» de l'étenduë, n'est rien de réel,
» si l'on en croit la raison, & mê-
» me ne peut de rien servir pour
» expliquer les effets naturels. Et
» ce qu'on dit que c'est le princi-
» pe & le sujet de l'étenduë ; se
» dit *gratis*, & sans que l'on con-
» coive distinctement ce que l'on
» dit.

J'avoüe que ces raisonnemens

font fort capables d'impofer au commun des perfonnes, qui fe difpenfent volontiers d'approfondir ce qu'elles lifent. Ils font proportionnez à la foibleffe de l'efprit, auquel ils ne reprefentent que ce qu'il connoît affez bien, c'eſt-à-dire, la furface des chofes. D'ailleurs ils flatent agréablement fa vanité, en l'autorifant cependant à s'applaudir, comme s'il voyoit le fond même de toutes chofes, & qu'il n'y euft rien au de-là de ce qu'il découvre. On ne doit donc pas être furpris qu'ils faffent de grandes impreffions, particulierement fur ceux qui ne prifent pas beaucoup les raifons, quelque folides qu'elles foient, qu'on ne tire que des Myſteres de nôtre fainte Religion, & de la croïance générale des Fidéles, pour leurs rendre fufpectes ces captieufes manieres de raifonner.

Toutesfois, fi on examine de

prés ces raisonnemens, la seule lumiere naturelle en découvre la vanité. Car d'abord, ce premier axiôme, *tout ce qu'il y a au monde est ou bien un Être, ou bien la maniere d'un Etre*, ne prouve rien icy, supposé que ce mot, *Etre*, ait deux sens, & signifie, ou une substance, un Etre existant en soi-même, ou bien un Etre mitoïen entre la substance & le pur mode, que l'Ecole nomme, *accident absolu*; mais si le P. M. prend dans cet axiôme le mot *Etre*, pour signifier uniquement une substance, un Etre existant en soi ou par soi-même, comme il le doit prendre, & le prend en effet. Je voudrois bien sçavoir sur quoi fondé, cet Auteur prononce décisivement; qu'il n'y a au monde que, Etre substance, & maniere d'Etre, ou pure modalité de substance ? Si on lui nioit cela aussi hardiment qu'il l'avance; comment le prouveroit-

R. T 2. p 280. Ecl. 12

Ib. T 2. p 280. Ecl. 12

il ? Il ne pourroit que se récrier, qu'il ne connoît rien autre chose qui puisse exister dans le monde, que substance, & modalitez pures. Quoi donc, un Docteur qui nous presche par tout si éloquemment la petitesse & l'ignorance de l'esprit humain, osera néanmoins décider irrévocablement, qu'une chose n'est ni ne peut être, dés qu'il n'en a point d'idée claire : & cela dans une matiere où tous les Théologiens Catholiques condamneroient au moins sa proposition, comme téméraire ? Mais il y a plus, dira nôtre Philosophe, c'est que je conçois clairement, qu'il ne peut rien y avoir au monde qui ne soit, ou bien un Etre substance, ou bien la maniere d'un tel Etre. Autre principe d'un homme fort convaincu de la foiblesse & de la prodigieuse limitation de son esprit. Vous concevez aussi très-clairement, lui dirois-je, qu'il est impossible que trois ne soient qu'un ; concluez donc, & décidez qu'il n'y a point au monde un Dieu en trois personnes ; il ne s'agira plus après cela, que de donner quelques entorses aux décisions de l'Eglise, qui regardent ce Mystere ; comme on en donne à celles qui regardent le Mystere de l'Eucharistie, afin d'accommoder parfaitement la Religion avec les idées claires, comme on se l'est proposé dans le nouveau systéme.

Mais, pour ne point mêler icy de preuves qui ressentent encore l'autorité de la Foy ; venons à la source du prétendu axiôme. Il est uniquement fondé sur ce que nous n'avons effectivement guéres de connoissances un peu nettes, que de pures manieres d'être, & de purs rapports des choses sensibles qui frappent nos yeux ; par exemple, des figures des corps, lesquelles ne consistent que dans certains rapports des parties de ces corps entr'elles. De cet exemple singulier le P. M. conclut généralement ; donc il ne peut y avoir rien au monde, qui ne soit ou substance, comme les corps que nous voïons, ou modalité, comme les figures de ces corps. Ce raisonnement est-il juste ? La conclusion ne dit-elle rien de plus que l'antecedent ?

Cet axiôme est donc au moins douteux, même à n'en juger que par la raison : néanmoins cet axiôme ne peut chanceler tant soit peu, que toute la prétenduë démonstration à laquelle il sert de fondement, ne s'écroûle & ne devienne un paralogisme pitoïable.

Mais quand on dissimuleroit le foible de cet axiôme : je maintiens que le raisonnement du P. M. échoüeroit encore par sa mineure, la voicy : Or *l'étendue n'est pas la maniere d'un Etre*. Et pour faire voir la verité de ce que je dis ; je la nie préfentement cette mineure. Nôtre Philofophe la prouve ; *On ne peut, dit-il, concevoir la maniere d'un Etre, qu'on ne conçoive en même temps l'Etre dont elle eſt la maniere ; on ne peut concevoir de rondeur, par exemple, qu'on ne conçoive de l'étendue : cependant on conçoit l'étendue toute feule, fans concevoir au de là aucun Etre, dont elle foit la maniere : donc l'étendue n'eſt pas la maniere d'un Etre.* C'eſt proprement ce fyllogifme apporté pour preuve de la mineure que nous avons niée, qui fait le fond & le fort de la démonſtration : ainſi c'eſt ruiner entierement cette démonſtration, que de montrer que ce fyllogifme n'eſt qu'un pur fophifme. Or voicy comme je le montre.

En premier lieu, ce nouvel axiôme qui fait la majeure du fyllogifme en queſtion, fçavoir ; qu'on ne peut concevoir la maniere d'un être, fans concevoir l'être dont elle est la maniere ; cet axiôme, dis-je, a le même défaut que le premier qu'on a déja refuté : c'est encore une de ces propositions générales établies mal-à-propos, sur un exemple particulier. Le P. M. voit que les figures, par exemple, la rondeur, ne sçauroient être conçuës sans qu'on conçoive de l'étenduë, qui est leur sujet immédiat ; de-là il prononce en général, que nulle maniere d'être ne peut être conçuë, qu'on ne conçoive son sujet : cette conclusion est trop vaste pour le principe d'où elle est tirée.

En second lieu, pour voir tout le faux de ce second axiôme : il n'y a qu'à distinguer deux sortes de manieres d'être : des manieres d'être purement négatives, & des manieres d'être positives. Les premieres sont celles, qui prises précisément en soi, ne resultent que de pures négations : les secondes sont celles, qui par elles-mêmes consistent en quelque chose de positif. Par exemple, toute figure, ronde, quarrée, &c. prise précisément, n'est que le terme, les bornes, les limites d'une portion de matiere étenduë ; c'est, *finis, negatio ulterioris extensionis*. Au contraire, l'étenduë elle-même, est quelque chose de positif ; car c'est un rapport réel & positif de plusieurs parties de matiere situées chacunes en differens lieux, & les unes hors des autres ; de même, la pensée est quelque chose en soi & par soi-même de réel & de positif, c'est une connoissance actuelle accompagnée de réfléxion. Cette distinction supposée, il est bien clair qu'on ne peut concevoir une maniere d'être négative, sans concevoir en même temps, l'être dont elle est la maniere ; parce que cette maniere d'être négative, n'étant rien par elle-même, elle n'est pas

de Metaphysique. 93

concevable par elle-même : ainsi la figure précisément prise, n'étant que pure négation d'étenduë, elle n'est point en ce sens concevable par elle-même ; elle ne peut être conçuë qu'à raison de l'étenduë même, qui est l'être ou la chose positive dont elle est négation. Mais les manieres d'être positives étant par elles-mêmes quelque chose de réel, elles peuvent fort bien être conçuës par elles-mêmes, elles peuvent être un objet de la pensée, elles peuvent terminer par elles-mêmes nôtre connoissance : ainsi l'étenduë, qui est de soi quelque chose, qui est un rapport très-réel de plusieurs parties de matiere entr'elles, ou à differens lieux, se peut concevoir assez distinctement par elle-même ; sans que l'on conçoive, du moins aussi distinctement, l'être ou la substance dont elle est la maniere, ni les parties dont elle est le rapport : de même que nous concevons les nombres, leurs raisons, & les exposans de ces raisons, sans concevoir, au moins clairement, les choses nombrées ; parce que les nombres & leurs raisons, sont des rapports réels par eux-mêmes, indépendamment des choses nombrées. C'est encore de cette sorte qu'on peut connoître la pensée qui est par soi-même quelque chose de positif ; sans connoître du moins aussi distinctement, son sujet la substance même pensante. Je dis qu'on peut concevoir les manieres d'être positives ; sans concevoir, *au moins aussi clairement & aussi distinctement*, les êtres dont elles sont les manieres : car,

En troisiéme lieu, on peut encore montrer le faux de l'axiôme en question, en le distinguant de cette maniere. On ne peut concevoir une maniere d'être sans concevoir son sujet ; au moins confusément, je l'accorde : sans concevoir son sujet aussi clairement & aussi distinctement qu'on la conçoit elle-même, je le nie. Il est vrai qu'on ne peut concevoir une maniere d'être purement négative, sans concevoir son sujet aussi distinctement qu'elle ; parce qu'elle n'est concevable que par l'idée de son sujet : mais une maniere d'être réelle & positive, étant concevable par elle-même, *ratione sui* ; rien n'empêche de dire, qu'on la peut concevoir clairement, quoiqu'on ne conçoive pas aussi clairement son sujet ; quoiqu'on ne le conçoive que d'une maniere confuse, laquelle nous apprenne qu'il y en a un, sans nous instruire distinctement de ce qu'il est.

Le second axiôme du P. M. est donc aussi bien que le premier, ruineux par bien des endroits, & ne peut servir de principe au syllogisme, par lequel il voudroit prouver que l'étenduë n'est pas la maniere d'un être.

Venons à la mineure de ce même syllogisme ; *or on conçoit cependant l'étendue toute seule, sans concevoir au de là d'être, dont elle soit la maniere :* Je dis que cette mineure est aussi fausse que l'axiôme qui la précedoit en qualité de majeure. Car, comme on l'a déja insinué, il est certainement impossible de concevoir l'étenduë, qu'on ne conçoive confusément, mais néanmoins très-necessairement, un sujet, un être, une substance à qui appartienne cette étenduë : qui dit l'étenduë, dit l'étenduë de quelque chose, dit quelque chose d'étendu ; tout comme qui dit durée, dit quelque chose qui dure ; qui dit nombre, dit des choses nombrées, qui dit multitude, dit des choses multipliées, &c.

L'étenduë n'est que la longueur,
la

la largeur, & la profondeur ou l'épaisseur d'un corps : donc elle suppose un corps, qui ait cette longueur, cette largeur, & cette profondeur ; & ce corps est conçû comme un être très-réel fort distingué de ces trois qualitez, quoique nôtre esprit n'ait pas une idée claire & nette de ce qu'il est en lui-même. Nous concevons autant, que le corps long, large, & profond, est quelque chose en soi de fort distingué de la longueur, de la largeur, & de la profondeur ; que nous concevons que le corps froid, chaud, coloré, &c. est quelque chose de fort different de la chaleur, du froid & de la couleur.

Qu'on applique tant qu'on voudra son esprit à considerer ce que c'est que l'étenduë ; on ne découvrira jamais qu'elle soit autre chose, que la situation actuelle de plusieurs parties de matiere en differens lieux : que l'existence de ces parties les unes hors des autres : que le rapport de chacune de ces parties à autant de differentes parties du lieu ou de l'espace : qu'un rapport mutuel de distance ou de proximité de ces parties entr'elles. Car enfin, il est certain que ces rapports ou situations de parties de la matiere posez, on conçoit de l'étenduë : & ces rapports ou situations ôtez, on ne conçoit point d'étenduë : & réciproquement, l'étenduë posée, on conçoit tout cela : l'étenduë ôtée, l'on ne le conçoit plus. Or, il est évident que situation, existence, rapport de parties à differens lieux, ou rapport mutuel de ces parties entr'elles ; supposent ces parties comme des êtres très-réels, sujets veritables de leurs manieres d'être, qu'on nomme situation, existence de ces parties, les unes hors des autres, rapport à differens lieux, rapport mutuel des unes aux autres. D'où il s'enſuit que l'étenduë elle-même n'eſt, & ne peut être conçuë que comme la vraïe maniere d'être d'une choſe étenduë.

Donc, pour tourner contre nôtre Auteur ſon propre axiôme ; *il eſt impoſſible de concevoir l'étendue, qu'on ne conçoive un être, une ſubſtance qui ſoit ſon ſujet* ; puiſque l'étenduë n'eſt qu'une maniere d'être de la choſe étenduë ; & que l'on ne peut concevoir une maniere d'être, qu'on ne conçoive l'être dont elle eſt la maniere. Seulement le ſujet de l'étenduë ne ſe conçoit pas auſſi clairement, que l'étenduë même ; au lieu que l'étenduë, en tant que ſujet immédiat, de la figure, ſe conçoit auſſi clairement que la figure elle-même : mais la raiſon de cette difference eſt, que l'étenduë eſt une maniere d'être poſitive & capable de terminer par elle-même la connoiſſance de l'eſprit, indépendamment de l'idée claire de son sujet; au lieu que la figure abstraite & prise précisément, n'est rien par soi-même, ce n'est qu'une pure négation; *finis, negatio ulterioris extensionis*, laquelle ne peut être l'objet de l'esprit, & ne peut être conçuë qu'à raison de l'étenduë même, & que par l'étenduë même qui est la chose positive dont la négation constituë la figure. En un mot, la figure n'étant rien de réel ni de positif, qu'autant qu'elle est une certaine portion d'étenduë; il n'est pas étonnant qu'elle ne puisse être conçuë qu'autant qu'on conçoit de l'étenduë : mais l'étenduë elle-même de soi, & indépendamment de la chose étenduë, est quelque chose de positif, c'est un rapport veritable & réel, capable d'être conçu dans le sens abstrait, aprés que l'esprit l'a séparée de son sujet par la précision ; tout comme les nombres & leurs rapports font concevables par eux-mêmes, indépendamment des choses nombrées.

Mais, me dira nôtre Philosophe, la maniere d'un être, n'est que l'être même de telle façon. Cela est vrai des manieres d'être *négatives :* cela est faux des manieres d'être *positives ;* car pour ce qui regarde une maniere d'être positive, telle qu'est l'étenduë, quoiqu'on puisse bien dire qu'elle est en un sens, l'être même d'une telle façon ; cependant on ne peut pas dire qu'elle ne soit rien que cet être même, puisqu'elle est aussi de soi quelque chose de concevable, & qu'elle renferme un rapport réel & positif que l'esprit peut abstraire de tout sujet, & considerer seul, comme il considere tous les jours les nombres abstraits. Ainsi, parce que cette maniere d'être positive, est en un sens l'être même ; il arrive, comme l'experience nous l'ap-

R. T. 1. l. 3. 2. p. n. 8. p. 230.

prend, que nous ne pouvons la concevoir, sans concevoir confusément son sujet : & parce que cette maniere positive est en un autre sens, quelque chose de positif & de concevable par soi-même, & n'est pas précisément rien autre chose que son sujet ; il arrive aussi, que nous la pouvons concevoir, sans concevoir son sujet aussi distinctement qu'elle. Comme chacun éprouve qu'il conçoit l'étenduë, la durée, les nombres & leurs rapports ; sans concevoir distinctement les choses étenduës, durantes, & nombrées ; quoiqu'il ne puisse s'empêcher de voir que l'étenduë, la durée, & les nombres, supposent necessairement quelques choses au de-là, lesquelles soient étenduës, durantes, & nombrées.

Cette premiere démonstration prétenduë de nôtre nouveau Cartésien étant ruïnée, il n'est pas difficile de renverser les deux autres :

ou plûtôt ces deux autres tombent d'elles-mêmes. Car, pour la seconde, si l'on doit regarder comme l'essence d'une chose, ce que l'on conçoit de premier dans cette chose; il faut conclure contre l'Auteur, donc, *on ne doit pas regarder l'étenduë comme l'essence de la matiere;* puisque l'étenduë suppose la matiere, & n'est qu'une maniere d'estre de la matiere, qu'un rapport de ses parties. Quant à la troisiéme, on est tenté de rire, lorsqu'on voit le P. M. assûrer gravement qu'on peut faire un ciel, une terre, des animaux & des plantes avec de l'étenduë toute seule. J'aimerois autant lui voir soûtenir, qu'on peut faire tout l'univers avec des points & des lignes Mathématiques; & des millions d'or & d'argent, avec les nombres métaphysiques & nombrans. Comment cet admirable Philosophe s'y prendroit-il pour bâtir le monde materiel sans matiere, & seulement avec une maniere d'estre abstraite & séparée de tout estre?

Il est temps de laisser aux personnes de bon sens à juger, si ce principe; que l'étenduë constituë l'essence de la matiere, est appuïé sur des preuves d'une telle évidence, que le P. M. ait droit de mépriser, en comparaison de ces preuves, toutes les autoritez des SS. Conciles, & le sentiment commun de l'Eglise, qui sont manifestement contre lui? N'est-il pas visible au contraire, que la raison elle-même, quand on veut la consulter sans prévention, s'accorde fort bien avec la Religion, pour nous persuader que l'étenduë n'est point l'essence de la matiere; qu'elle n'en est qu'une simple maniere d'estre, sans laquelle Dieu peut absolument conserver le corps?

V. Quoique ce Chapitre soit déja assez long, & peut-être ennuïeux, par les raisonnemens abstraits qu'on a été obligé de faire : il me semble néanmoins qu'on ne trouvera pas mauvais que j'y ajoûte encore quelques remarques sur certains endroits de la nouvelle Métaphysique, où l'Auteur parle si peu conséquemment à son principe de l'étenduë essence de la matiere ; qu'il fournit lui-même, de ces démonstrations qu'on appelle, *ad hominem*, pour montrer que les idées qu'il a sur ce sujet, sont très-obscures, & fort mal-arrangées.

Premierement, il assûre d'un côté, que nous avons des démonstrations évidentes & Mathématiques de la divisibilité de la matiere à l'infini : qu'il n'y a point d'Atômes, non plus que d'instans dans la durée ; mais que la plus petite partie de la matiere se peut diviser à l'infini, comme l'on peut donner des parties de durée plus petites à l'infini : qu'il

R. T. II. l. 1. c. 6. f. 24.

n'y a, ni ne peut y avoir aucune unité dans l'étenduë ; parce que ses parties, quoique divisées & subdivisées, ne peuvent jamais être commensurables entr'elles.

Et d'un autre côté il enseigne comme une verité, non moins évidente, "que dans un morceau A C B. de matiere parfaitement uniforme & continuë; la partie A. est une substance, & la partie B. une autre substance : & que par consequent ce morceau A B. est composé de deux substances fort distinguées, & même de plusieurs ; car on peut dire également, que la partie du milieu C. est encore une substance, &c.

Or je maintiens que l'une de ces deux évidences du P. M. contredit manifestement l'autre : car il est indubitable dans sa Doctrine, comme dans toute autre, que toutes les substances distinguées entr'elles, dont ce morceau de matiere A⁀B est composé, sont toutes déterminées; puisque tout ce qui existe, est déterminé; qu'ainsi Dieu connoît distinctement chacune d'elles en particulier, quelque multitude qu'on en veüille supposer, même infinie & infiniment infinie : il est encore indubitable que Dieu peut conserver séparément toutes ces substances; comme en effet l'Auteur l'assûre lui-même, de la substance A & de la substance B.

Donc, il est pareillement indubitable, que la derniere & totale division du morceau A⁀B est possible.

Mais si la derniere & totale division de la matiere, est possible : dès-là, la matiere n'est plus divisible à l'infini : dès-là, il faut reconnoître des unitez dans l'étenduë : dès-là, il est faux de dire, qu'il n'y a point de dernieres parties, ou d'atômes dans les corps;

& qu'on peut donner dans la matiere, comme dans la durée, des parties plus petites & plus petites à l'infini.

Et il ne serviroit de rien au P. M. de dire, que chacune de ces substances A, B, C. qui composent le morceau A B. contient encore une multitude infinie de substances : car le même raisonnement reviendroit toûjours ; on ne feroit que transporter l'exemple d'un plus gros morceau A B. a un plus petit morceau A. D'ailleurs il seroit ridicule d'admettre qu'une substance fust composée de plusieurs autres substances de même nature.

Donc ces deux propositions, *la matiere est divisible à l'infini; &, un morceau de matiere contient plusieurs substances distinguées, dont l'une n'est pas l'autre* : ces deux propositions, dis-je, sont contradictoires; mais ces deux propositions font du P. M. donc le P. M. se contredit. Et ce qui est bien à remarquer ; c'est qu'il se contredit justement sur celle de toutes ses idées qu'il prétend être la plus claire, la plus distincte, la plus lumineuse, la plus parfaite ; de laquelle il tire la plus part de ses raisonnemens pour prouver ses autres principes. Nous ne pouvons, dit-il, désirer « une idée plus distincte & plus fé- « conde de l'étenduë, que celle que « Dieu nous en donne. «

R. T. 2.
l. 3. 2.
p. c. 7.
p. 223.

Secondement, posé cette distinction actuelle de substances, qui composent, par exemple, un pied d'étenduë A——B. je demande à nôtre Philosophe, si la multitude de ces parties ou substances dont est composée la longueur, A——B. est finie, ou infinie ? S'il répond, qu'elle est finie ; il doit donc reconconnoître, qu'il s'en faut beaucoup que cette longueur ne soit divisible à l'infini. S'il répond que cette multitude est actuellement infinie ; je conclus moi, que chacune de ces parties ou substances, est un point zénonique qui n'a nulle étenduë ; & qu'ainsi les parties de la matiere ne sont point étenduës, bien loin que l'étenduë soit l'essence même de la matiere. Et voicy comme je prouve ma proposition : Si ces parties avoient chacune quelque étenduë, soit qu'on les supposast égales ou inégales entr'elles ; il est évident que prises toutes ensemble, puisque leur multitude seroit infinie, elles devroient faire une étenduë infinie, car elles devroient faire autant qu'une étenduë finie, ajoûtée une infinité de fois à elle-même ; or une étenduë finie, ajoûtée une infinité de fois à elle-même, ou prise une infinité de fois, feroit une étenduë infinie. Cependant toute cette multitude infinie de parties prises ensemble ; ou, ce qui revient au même, une seule de ces parties ajoûtée à elle-même une infinité de fois, ne fait par l'hypothése que l'étenduë très-finie d'un pied A——B. Donc ces parties ou substances qui composent une portion de matiere, n'ont nulle étenduë, ce sont des points zenoniques; & par consequent il s'en faut beaucoup, que l'étenduë soit l'essence même de la matiere.

Nôtre Cartésien prétend encore avoir tiré de son idée de la matiere beaucoup de belles connoissances par rapport à differens points de Physique, & il en a fait part au public dans la seconde partie de son Livre de la Methode, & dans le seiziéme éclaircissement. Là il se fait fort d'expliquer mieux que personne n'a jamais fait, sans en excepter M. Descartes lui-même, la cause de la dureté des corps, celle de la pesanteur; ce qui regarde la lumiere & les couleurs, la génération du feu, &c. & tout cela par le moïen de certains petits tourbillons de la matiere étherée, qui sont de son invention, & qu'il substituë aux boules du second élément de M. Descartes. Si le dessein que j'ai pris ne me bornoit pas au Systéme de la nouvelle Métaphysique, dont ces explications Physiques ne font point partie; j'aurois encore bien des objections à lui faire sur ces articles : mais je m'écarterois trop de mon sujet. Ainsi je me contenterai de dire icy, qu'il me paroît que sa Doctrine des petits tourbillons de la matiere subtile ou étherée ne peut guéres subsister, & ne s'accorde point du tout avec deux autres principes de sa

R. T. 2
p. 338.
Ecl. 16

Physique, dont la premiere est : que l'étenduë est de soi parfaitement fluide, qu'elle n'a par elle-même aucune force ni aucune du-

Ib. l. 6.
a. p. c. 4.
p. 46.
& c. 9.
p. 109.

reté : le second, que le repos n'a nulle force pour résister au mouvement. Car ces deux principes posez, il me paroît évident, que dans la premiere impression de mouvement qu'on supposeroit avoir été donnée à la matiere, aucune partie de cette matiere n'auroit pû être réfléchie ; puisqu'elle n'auroit jamais rencontré rien de dur, ni qui resistast le moins du monde à son mouvement droit, ou à la communication de son mouvement : par consequent, pour peu qu'on veüille y penser, l'on trouvera qu'il auroit été impossible qu'il se formast aucuns tourbillons separez ou distinguez les uns des autres, ni grands ni petits. C'est néanmoins cette Doctrine des petits tourbillons de l'éther substituez aux globules de M. Descartes, qui fait tout le fond de la nouvelle Physique.

En voilà assez pour faire sentir combien le P. M. lui-même, devroit peu conter sur son idée de la matiere ; & pour justifier une réflexion par laquelle je finis : c'est qu'il

114 *Réfut. d'un nouveau Syst.*
ne sied guéres à un Auteur, de s'aheurter à une opinion qui s'accorde aussi mal avec elle-même, qu'avec la raison, & la Doctrine de l'Eglise.

Chapitre III.

Remarque sur les deux Chapitres précedens.

I. IL est certain que les deux points que nous venons de traiter doivent être regardez comme les plus essentiels à tout systéme de Philosophie ; & sur tout à celui de la nouvelle Métaphysique, dont l'Auteur qui fait profession de ne bâtir que sur des idées claires, avouë d'ailleurs, que toutes les choses qui sont au monde dont il ait quelque connoissance, sont des corps ou des esprits ; proprietez de corps, proprietez d'esprits. Ainsi l'on peut

R. T. 1.
l. 3. 2.
p. c. 7
p. 223.

dire, qu'on a sappé les fondemens de son édifice, & que ce merveilleux édifice ne porte plus sur rien; dès que l'on a montré la fausseté de l'idée que le P. M. s'est faite de l'esprit, & de celle qu'il s'est formée du corps.

Outre ce premier préjugé, qui me paroît aussi bien fondé, qu'il est contraire à toute la nouvelle Métaphysique; il me semble qu'on a pû encore remarquer dans les deux Chapitres précedens, que nôtre Auteur est aussi sujet à se tromper dans ses raisonnemens, que dans la fabrication de ses idées: qu'il n'est pas plus heureux à accorder entr'eux ses principes, qu'à les établir: qu'il n'y a pas jusqu'aux axiômes les plus clairs, qu'il ne gâte & ne rende suspects, par l'usage qu'il en fait. Toutes choses dont on aura d'autres preuves encore dans la suite de cet Ouvrage; mais que j'ai crû à propos de faire sen-

116 *Réfut. d'un nouveau Syst.*
tir dès-à-présent, afin de remedier de bonne heure à une certaine prévention que quelques personnes pourroient avoir en faveur de la Philosophie Cartésienne en général, & de la Doctrine Malebranchiste en particulier.

II.   On a veu de plus, ou du moins il a été aisé d'appercevoir, qu'ou-
Ch. 2. tre les deux axiômes que nous
p. IV. avons prouvez être faux dans le sens où les prend nôtre Philosophe, cet Auteur admet pour un autre grand principe de sa Philosophie, qu'il n'y a que deux régles de verité sur lesquelles nous puissions juger seurement, sçavoir; *l'évidence des idées, & le témoignage du sentiment interieur.*

R. T. 1. Sur ce principe il déclare, qu'il
l. 3. 2. a de la peine à se persuader, qu'il
p. 6. 7. y ait des êtres differens de Dieu,
p. 216. des esprits créez & des corps; & qu'aprés avoir examiné les raisons de certains Philosophes qui pré-

tendent le contraire, (il auroit dû examiner aussi celles des Théologiens Catholiques, lorsqu'ils traitent des habitudes surnaturelles) il les a trouvées fausses. C'est pourquoi je pense qu'il est bon que j'établisse à mon tour quelques principes directement opposez à ceux du nouveau Systéme, & que j'ai quelque droit d'établir ; parce qu'ils ne sont que des conséquences naturelles & necessaires de tout ce que j'ai prouvé ci-devant : d'ailleurs, comme l'on ne peut pas tout dire à la fois ; & que cependant je suis bien aise de ne rien supposer dont je n'aye déja donné quelques bonnes raisons ; je prens volontiers cette occasion d'insinuer dès le commencement ces principes, dont on aura de nouvelles preuves & mille confirmations, à mesure qu'on avancera.

III. Le premier est, que nous ne connoissons distinctement aucune substance : seulement nous sçavons qu'il y en a, & de spirituelles, & de corporelles ; mais nous ne sçavons point au juste qu'elle est leur nature. Toutes nos connoissances un peu distinctes, se terminent à la surface des choses : à l'étenduë, qui n'est qu'une qualité, pour ainsi dire, exterieure de la matiere ; à quelques actions & modifications de nôtre ame, par lesquelles elle se fait sentir sans se découvrir ni se montrer elle-même.

Le second, que n'ayant point d'idée claire & distincte, ni de l'ame ni du corps ; faire des raisonnemens qui dépendent de ces idées, c'est s'exposer à autant d'erreurs qu'on tire de conclusions : erreurs d'autant plus ridicules, qu'on sera plus hardi à donner de telles conclusions pour évidentes.

Le troisiéme, que par consequent les raisonnemens de l'Auteur, fondez sur ses fausses idées de l'esprit & de la matiere, étant faux: ils ne peuvent, ni ne doivent nous empêcher de supposer dorésnavant les idées communes qu'ont tous les hommes, des facultez de ces deux substances; & sur tout de l'esprit, par rapport à la formation de ses idées, & à la productions de ses Actes libres; jusqu'à ce que nous soïons venus aux endroits, où l'on traitera & où l'on prouvera expressément ces choses.

Le quatriéme est, qu'outre le témoignage du sentiment interieur, & l'évidence des idées claires que nous avons des figures & des nombres, par exemple; il est necessaire qu'un Philosophe, sur tout un Philosophe Chrétien, admette même en Philosophie, une troisiéme régle de verité, sçavoir; l'autorité de la révélation divine, dans toutes les matieres qui ont quelque rapport aux Mystéres & aux explications que l'Eglise nous en donne.

Le cinquiéme, qu'on ne peut se dispenser, suivant la troisiéme régle de verité, d'admettre certaines facultez dans l'esprit, comme celle d'agir très-véritablement, & non pas en *je ne sçai quel sens*, que dit le P. M. & que nous examinerons en son lieu : & certaines proprietez dans la matiere, comme de pouvoir être pénétrée, & repliquée : & peut-être même certaines entitez absoluës, qui ne soient ni substances ni modes de substances, quoi qu'en dise l'Auteur, qui a fort grand tort de railler comme il fait, en traitant de petits esprits, d'esprits foibles & méticuleux, les personnes qui croïent qu'il y a des formes ou des accidens réels distinguez de la matiere ; il auroit pû ajoûter, & des habitudes surnaturelles infuses dans l'ame ; car sans doute il ne pense pas

R. T. 1.
l. 4. c.
11. p.
307. &
T. 2. p.
279.
280.
Ecl. 12.

de Metaphysique. 121

pas autrement des ces habitudes, que des formes de la matiere. Mais l'on pourroit lui répondre qu'il fait lui-même, très-mal-à-propos, l'esprit fort, en qualifiant ces opinions, d'opinions fausses & semblables aux superstitions des Juifs. *Ib. T. 1.*

Je termine cette matiere de la nature de l'esprit & du corps, par une réfléxion qui me coûte cependant un peu à faire faire aux autres : c'est que ces principes de la nouvelle Philosophie que nous avons déja veu, vont à détruire toutes les preuves qu'on peut apporter de la spiritualité & de l'immortalité de l'ame, sous ombre de leur substituer une prétenduë démonstration, dont jamais homme de bon sens ne sera content. Car cette belle démonstration n'est appuiée que sur ce principe, que la pensée constituë l'essence de l'esprit, & l'étenduë celle de la matiere: principe, comme l'on a veu,

IV.

Tome I. F

le plus mal imaginé qui fut jamais. D'ailleurs nôtre Cartésien assûre que la pensée substantielle n'est rien que de purement passif, comme une masse de matiere ; ce qui ne donne certainement point l'idée d'une substance spirituelle, vivante, & immortelle de sa nature. Cet Auteur dit encore en termes exprès, que le sentiment interieur par lequel seul, il peut connoître la nature de son ame, ne lui découvre pas qu'elle n'est point étenduë ; d'où l'on concluëra, que comme selon lui, l'ame est purement passive, de même que la matiere : il se peut donc bien faire aussi, selon lui, que l'ame soit étenduë & composée de parties comme la matiere : & ce seroit une pitoïable réponse que celle qu'il feroit, en disant, que l'idée claire de la matiere lui montre que l'ame n'est pas étenduë : car outre qu'il est impossible de voir positivement

R. T. 1. p. 171. Rép. à M. Regis.

R. T. 2. p. 274. Ecl. 11.

dans l'idée d'une chose, la nature d'une autre chose toute differente; cette réponse supposeroit toûjours ce qu'on vient de démontrer faux, sçavoir; que l'étenduë constituë l'essence de la matiere.

CHAPITRE IV.

De l'union de l'Ame & du Corps.

S'Il est vrai, comme on l'a montré dans les deux Chapitres précedens, que nous ne connoissons ni l'essence du corps, ni l'essence de l'ame : il est évident que nous ne pouvons parler juste de l'union de ces deux substances.

Quand même on passeroit au P. M. que l'idée de l'étenduë découvre très-clairement à l'esprit, la nature & les proprietez du corps; du moins ce Philosophe avouë-

F ij

t-il que nous ne connoissons point l'ame, ni ses modalitez par idée claire; que nous n'en sçavons que ce que nous en apprend un sentiment obscur & confus, qui n'est que tenebres, & cela suffit pour qu'il ne puisse encore nous dire rien de précis sur une union qui ne peut certainement pas être, ni conçuë, ni expliquée, sans une connoissance exacte des deux termes, c'est-à-dire, des deux substances unies. C'est pourquoi je m'étonne qu'-

R. T. 2.
p. 273.
&c. E-
claire.
11.

aïant pris, par de fort bonnes raisons, le parti d'abandonner M. Descartes & les Cartésiens, sur la connoissance qu'ils prétendent que nous avons de la nature de l'esprit; il n'ait pas pris conséquemment celui de les abandonner aussi sur leur maniere d'expliquer l'union de l'ame & du corps; & qu'il n'ait pas fait cette réfléxion si naturelle dans ses principes; l'union de mon corps & de mon ame doit necessairement consister dans quelque rapport mutuel de ces deux parties, qui soit fondé sur des modalitez réciproques de l'une & de l'autre substance; ainsi l'on ne peut concevoir, ni encore moins expliquer ce que c'est que cette union, qu'on ne comprenne la nature de ce rapport mutuel & de ces modalitez réciproques: mais pour comprendre la nature de ce rapport & de ces modalitez, il faudroit assûrément avoir l'idée nette & distincte de nôtre ame: or je reconnois n'avoir pas l'idée de mon ame: il seroit donc ridicule à moi d'entreprendre d'assigner & d'expliquer en quoi consiste l'union de mon corps & de mon ame, & l'on auroit très-bon droit de me reprocher que j'agis peu conséquemment.

II. Cette réflexion néanmoins lui a échappé; ou s'il l'a faite, il a eu des raisons de passer par-dessus, dont la bonté m'est fort suspecte: il s'en tient au sentiment Cartésien, & voicy comme il s'explique. Il établit pour principe, „ qu'il n'y a „ nul rapport entre le corps & l'es- „ prit, ou l'ame ; que même ces „ deux substances sont toutes op- „ posées par leur nature : si donc „ l'on croit communément, qu'il „ y a pourtant quelque rapport en- „ tre l'ame & le corps qu'elle in- „ forme, on se trompe ; à moins „ que par le mot d'ame l'on n'en- „ tende l'esprit entant que déja uni „ au corps : or l'esprit n'est uni au „ corps, & ne fait un tout avec lui, „ que par la volonté du Créateur „ qui allie ces deux substances, & „ cette alliance ne consiste que dans „ une correspondance mutuelle des „ pensées de l'ame avec les traces „ du cerveau, & des émotions de „ l'ame avec les mouvemens des „ esprits animaux ; parce que par „ les Loix de cette union naturel- „ le, qui n'est autre chose que le

R.T. 1.
l. 1. c.
12. p. 56.

R.T. 2.
p. 161.
Rép. à
M. Re-
gis.

T. 1. l. 2.
c. 5 p.
92.

Ib. l. 3.
2 p. c.
6 p.
2. 1.

décret & la volonté générale de «
Dieu, dès que l'ame reçoit quel- «
ques nouvelles idées, il s'impri- «
me dans le cerveau de nouvelles «
traces ; & dès que les objets pro- «
duisent de nouvelles traces, l'a- « *Ib. l. 1.*
me reçoit de nouvelles idées. « *c. 5. p.*
Ainsi l'ame n'anime le corps, « *92.*
qu'en ce sens ; qu'elle a des sen- «
timens & des passions qui ont « *T. 2. l.*
rapport à lui, parce qu'elle les a « *6. 2. p.*
à son occasion : mais ce n'est point « *c. 7. p.*
qu'elle lui communique la vie ni « *88.*
le mouvement. Ensuite l'Auteur « *E. 4. p.*
s'étend fort sur l'explication des   *130. &c.*
Loix de l'union de l'ame & du
corps, qu'il appelle *naturelles*,
aussi-bien que l'union même, par
cette seule raison, & en ce seul
sens, qu'elles sont établies par la
volonté générale de Dieu comme
Auteur de la nature ; ou plûtôt,
qu'elles sont les volontez mêmes
constantes & toûjours efficaces de
l'Auteur de nôtre être. Enfin,

F iiij

il avertit en mille endroits, qu'il ne faut pas s'imaginer que l'ame agisse sur le corps, ou le corps sur l'ame : ce sont de pernicieux préjugez d'une Philosophie toute Païenne, qui mêne droit l'Idolâtrie. Dieu seul agit dans l'ame, à l'occasion de ce qui se passe dans le corps ; & produit du mouvement dans le corps à l'occasion des pensées de l'ame.

R.T. 2
p. 324.
325.
326.
Ecl. 15.

Comme mon dessein n'est pas d'imposer en rien au P. M. en lui faisant dire plus qu'il ne dit effectivement ; je croi devoir avertir icy, que dans le cinquiéme Chapitre du second Livre de la Recherche, il met un mot qui pourroit faire penser, qu'il ne prétend point assûrer absolument, que l'union de l'ame & du corps ne consiste que dans un pur décret de Dieu, à qui il ait plû d'allier ces deux substances de la maniere qu'on vient de dire ; car il s'expri-

R T 1.
l. 2 c.
5. p. 92.

me de la sorte : " Toute l'alliance
de l'esprit & du corps qui nous "
est connuë, consiste dans une cor- "
respondance naturelle & mutuel- "
le des pensées de l'ame avec les "
traces du cerveau, &c. mais on "
sera convaincu que cette restriction
(qui nous est connuë) ou ne signifie rien, ou signifie, dans l'in-
tention de l'Auteur, qu'il est bien
seur de ce qu'il dit ; ou ne sert qu'à
le rendre plus inexcusable, si l'on
fait réflexion que dans tous ses Ouvrages, il suppose & rebat son sentiment tel que nous l'avons expo-
sé, comme un principe incontestable, sur lequel il appuie une longue suite de Doctrine, concernant
les Loix de cette union ; l'effort des
sens & de la concupiscence sur la
raison, les désordres de l'imagination, &c. Et si l'on se donne la
peine de voir dans son quinziéme
éclaircissement, la réponse qu'il
donne à la sixiéme preuve de l'es-

F v

130 *Réfut. d'un nouveau Syst.*
ficace des causes secondes. Il y par‑
R.T 2. le de la sorte : „ Je remuë, dira‑
p. 311. „ t-on, mon bras à cause de l'union
E. 15. „ que Dieu a mise entre mon es‑
„ prit & mon corps ; c'est-là l'ob‑
„ jection, voilà la réponse : Facul‑
„ tez, union, ce sont termes de
„ Logique, ce sont mots vagues
„ & indéterminez ; il n'y a point
„ de maniere d'être, qui soit une
„ faculté ou une union, il faut ex‑
„ pliquer ces termes : Si l'on dit
„ que l'union de mon esprit avec
„ mon corps, consiste en ce que
„ Dieu veut, que lorsque je vou‑
„ drai que mon bras soit mû, les
„ esprits animaux se répandent dans
„ les muscles pour le remuer; j'en‑
„ tens clairement cette explication,
„ & je la reçois ; c'est justement ce
„ que je soûtiens, &c. il redit sou‑
vent les mêmes choses contre le
E 7. p. terme d'*union* dans le septiéme en‑
34. tretien. Enfin, il déclare nettement
242. dans le premier Chapitre du Livre
245.

cinquiéme de la Recherche ; qu'il n'y a que l'ignorance des operations continuelles de Dieu sur les créatures, qui nous fasse imaginer d'autres causes de l'union de nôtre ame avec nôtre corps, que la volonté de Dieu toûjours efficace. Je croi donc pouvoir assûrer que j'ai donné la veritable opinion de nôtre nouveau Philosophe, sur l'union du corps & de l'ame : reste maintenant à examiner si elle est solide.

R.T. I.
l. 5. c.
1. p.
318.

Le premier défaut que j'y trouve, c'est qu'elle n'établit point une veritable union entre le corps & l'ame, & que par consequent elle ne fait point l'homme un vrai tout. Un esprit, un corps ; deux êtres fort opposez par leur nature, fort indépendans l'un de l'autre quant à leur existence : Dieu qui a résolu d'agir sur cet esprit, & de lui donner certaines pensées, toutes les fois qu'il se fera certains changemens dans ce corps ; & récipro-

III.

quement, de produire certains mouvemens dans ce corps, toutes les fois que cet esprit aura certaines pensées : voilà tout ce qu'on conçoit dans l'opinion du P. M. Or cela s'appelle-t-il une union Physique & substantielle de cet esprit & de ce corps, en vertu de laquelle ces deux parties fassent un tout substantiel, un individu qu'on appelle tel homme ? Je le demande à quiconque voudra sans prévention consulter la notion, quelque imparfaite & obscure qu'elle puisse être, que l'on a communément d'*union*, de *tout*, de *parties*, d'*individu*, d'*homme*. Peut-on même dire que cet esprit soit l'ame de ce corps ; que ce corps appartienne à cet esprit, & qu'il soit son corps ? Du moins est-il certain que cela ne se peut dire, qu'entant que Dieu, par un décret très-contingent & très-libre, a voulu que tel corps fust à tel esprit, l'occasion de plusieurs pensées ; & réciproquement, que tel esprit fust à tel corps, l'occasion de beaucoup de mouvemens : mais on doit avoüer que ce sens est bien indirect; que ces qualitez & ces dénominations sont fort extrinseques aux substances à qui on les donne ; que ce décret de Dieu est bien étranger à ces mêmes substances.

Suivant cette opinion, mon ame est un esprit pur, aussi complet & aussi essentiellement parfait dans son espéce, que le peut être un Ange du premier ordre, dans la sienne : ainsi elle n'est pas plus unie à mon corps, que le seroit l'Ange Gabriel, si Dieu vouloit faire dépendre les pensées de cet Ange, de l'ébranlement des fibres de mon cerveau ; & réciproquement, faire dépendre les émotions de mes esprits animaux, des pensées de cet Ange : desorte que l'on conçoit très-clairement, que deux, que cent, que mille esprits, quoique tous de differens ordres, pourroient devenir les ames d'un seul corps, & ne faire, au moins en apparence, qu'un homme ; si l'union de l'ame & du corps, telle que l'imagine le P. M. suffit pour faire un homme. Mais aussi en récompense, un seul esprit pourroit facilement animer mille corps differens, & devenir mille hommes de differentes tailles, & de differens âges ; si Dieu vouloit que chacun de ces mille corps fust cause occasionnelle des pensées de cet esprit, & que cet esprit fust réciproquement par ses pensées, cause occasionnelle de mouvement dans chacun de ces mille corps. Ces ridicules consequences, qui suivent pourtant fort bien du principe de nôtre Auteur, montrent qu'il a pris tout au plus quelques effets de l'union Physique du corps & de l'ame, pour cette union même.

de Metaphysique. 135

IV. Un autre défaut que je trouve dans l'opinion de ce Philosophe, & qui est une suite du premier ; c'est que cette opinion ne s'accorde pas avec ce que nous enseignent de la nature de l'ame raisonnable, deux Conciles œcuméniques ; sçavoir, celui de Vienne, sous Clement V. & le cinquiéme de Latran sous Leon X. le premier confesse (*Clement. 1. de fide Catholicâ*) que le Fils de Dieu a pris un corps humain passible, & une ame intellectuelle ou raisonnable, laquelle informe veritablement & par elle-même, & essentiellement le corps. *Confitemur unigenitum Deum Filium... humanum Corpus passibile, & animam intellectivam seu rationalem ipsum Corpus verè & per se, & essentialiter informantem assumpsisse.* Le second définit (*sess. 8.*) que l'ame intellectuelle est veritablement, par elle-même, & essentiellement, forme du corps humain. *Animam intellectivam verè, per se, & essentialiter humani corporis formam existere.* Il est évident que ces deux décisions de l'Eglise sont directement opposées à celles de la nouvelle Métaphysique : car selon l'Eglise, l'ame raisonnable est par sa nature & par son essence, veritablement forme du corps qu'elle anime ; *verè, & per se, & essentialiter formam corporis ; informantem corpus :* ce que l'on ne peut pas dire d'un esprit pur, d'un Ange, par exemple. Au contraire, selon la nouvelle Métaphysique, l'ame est un pur esprit, qu'on n'appelle du nom d'ame, qu'entant

R. *l.* 1. *c.* 12. *p.* 56.

qu'il est uni au corps ; mais au reste qui n'a nulle rapport essentiel avec le corps, qui est même une substance toute opposée par sa natu-

L. 2. *c.* 5. *p.* 92.

re, au corps ; & qu'on ne peut dire être unie au corps, qu'entant qu'il a plû à Dieu d'allier ces deux

de Metaphysique. 137

natures par une correspondance mutuelle de pensées qu'il donne à l'une, & de mouvemens qu'il produit dans l'autre : en un mot, cet esprit n'anime ce corps, qu'en ce sens qu'il a des sentimens & des passions qui ont rapport à ce corps, en vertu de l'alliance qu'un décret libre de Dieu a mise entr'eux : toutes choses certainement qui pourroient convenir à tout esprit, à chacun des Anges, aussi bien qu'à l'ame raisonnable ; si Dieu vouloit unir ces Anges à des corps, comme sans doute il pourroit les y unir de la même maniere dont nôtre Philosophe prétend qu'il y unit les ames, par un décret très-libre. Voilà donc d'un côté la décision de l'Eglise : l'ame raisonnable est essentiellement & de sa nature, forme du corps humain : Voicy de l'autre le Dogme Malbranchiste ; l'ame raisonnable n'est la forme du corps humain, que par un

*L. 3. 12
p. c. 6.
p. 221.
T 2. p.
161.
Rép. à
M. Regis.
Ib. p.
311.
Ecl. 15.
b. l. 6.
2. p. p.
88.*

décret libre de Dieu : elle n'a de soi nul rapport au corps, elle lui est même opposée par sa nature; c'est un esprit qui n'a le nom d'ame, qu'entant que Dieu veut par une volonté libre, l'allier avec le corps, en faisant que dès que cet esprit reçoit de nouvelles idées, il s'imprime dans le cerveau, qui fait partie de ce corps, de nouvelles traces; & que dès que les objets produisent dans le cerveau de nouvelles traces, cet esprit appellé ame, reçoive de nouvelles idées.

Comment dans ce systéme, éviter l'anathême fulminé au Concile de Vienne, par Clement V. en ces termes? Nous réprouvons avec l'approbation du saint Concile, comme une Doctrine erronée & contraire à la verité de la Foy Catholique, toute Doctrine qui assûre témérairement, que la substance de l'ame raisonnable n'est pas véritablement & de sa nature, for-

Ib. Clement. 1.

me du corps humain : ou même qui révoque en doute cette verité. Définissant que si quelqu'un dans la suite ose assûrer, défendre, ou tenir, que l'ame raisonnable n'est pas par elle-même, & essentiellement, forme du corps humain; il le faut tenir pour un hérétique?
Porrò Doctrinam omnem seu positionem temerè asserentem, aut vertentem in dubium; quòd substantia animæ rationalis aut intellectivæ verè ac per se humani corporis non sit forma; velut erroneam ac veritati Catholicæ fidei inimicam, sacro approbante Concilio, reprobamus: definientes, ut si quispiam deinceps asserere, deffindere seu tenere pertinaciter præsumpserit, quòd anima rationalis seu intellectiva non sit forma corporis humani per se & essentialiter; tanquam hæreticus sit censendus.

Je veux croire que le P. M. n'avoit pas lû ces passages des Saints Conciles, & n'étoit pas assez instruit de la Doctrine Catholique sur ce point : lorsqu'il a dit avec un peu trop de chaleur, que l'esprit, c'est-à-dire, l'ame, n'étoit pas fait pour informer des corps ; & qu'il *Préface* n'y a que des Philosophes Païens, *de la* des hommes de chair & de sang, *Recher-* qui considerent l'ame, plûtôt com*che.* me la forme du corps ; que comme faite pour la verité, à laquelle seule elle est immédiatement unie. Il se trompe, l'on a toûjours crû dans le Christianisme, que l'ame étoit d'une nature differente en quelque chose de la nature de l'Ange ; & que, quoiqu'elle soit très-distinguée de la matiere & du corps, elle a cependant, par elle-même, un rapport au corps qui la rend essentiellement forme du corps ; & qui fait qu'elle est de sa nature, propre & comme née pour animer un corps : ce qui ne convient nullement aux purs esprits ; de-là vint que dès les premiers temps de l'Eglise, on regarda comme une erreur dangereuse, le sentiment d'Origéne qui, conformément à la Doctrine de Platon, ne mettoit aucune différence naturelle, entre l'ame & l'Ange : erreur dont nos nouveaux Philosophes auroient bien de la peine à se défendre.

V. Je me persuade encore, que si l'on demandoit au P. M. ce qu'il peut penser de l'union hypostatique du Verbe avec l'humanité Sainte, en suivant ses idées sur l'union du corps & de l'ame, dans l'homme ; il n'auroit garde de dire, comme il semble qu'il le devroit dans ses principes, que cette divine union consiste seulement dans quelque espece de dépendance réciproque, entre la divinité & l'humanité : une réponse de cette nature donneroit trop d'avantage aux Nestoriens. Cependant pour l'éviter, quelles difficultez n'auroit-il pas à essüier ? lui qui assûre avec tant de confiance, qu'il n'y a ni être, ni maniere d'être qui soit *union*; que ce terme n'est qu'un mot vague & indéterminé, un pur terme de Logique qu'il faut expliquer ; mais dont l'explication ne peut être, selon lui, raisonnable, si elle ne revient à la mutuelle dépendance ou réciprocation de modalitez : explication pourtant qui ne nous feroit point du tout concevoir l'unité de personne dans Jesus-Christ ; ni que deux natures distinctes n'eussent en lui qu'une seule subsistence. De plus, les SS. PP. & le Symbole, qui porte le nom de Saint Athanase, comparent l'union du Verbe & de l'humanité dans Jesus-Christ, à l'union du corps & de l'ame dans l'homme : or selon nôtre Auteur, l'union de l'ame & du corps dans l'homme, n'est que le décret par lequel Dieu a résolu de produire certains mouvemens dans le corps, toutes les fois qu'il exciteroit certaines pensées dans l'esprit ; & réciproquement : Donc l'union du Verbe & de l'humanité en Jesus-Christ, sera quelque décret à-peu-prés semblable. Jusqu'où ne pourroit-on pas pousser ces conséquences ?

Mais nous n'avons pas encore veu le sentiment de nôtre Philosophe dans toute son étenduë. Jusqu'icy il n'a été que l'écho de M. Descartes : voyons maintenant ce qu'il a ajoûté de son propre fond, ce qu'il a trouvé de nouveau à la faveur des lumieres particulieres, que le soleil des intelligences a répanduës dans la sienne ; le voicy : C'est que cette espece d'union, dont nous avons parlé jusqu'apresent, qu'un esprit a avec un corps, au cas qu'il existe des corps ; chose très-douteuse chez nôtre Auteur; cette union est fort indirecte, ce n'est point une union immédiate : elle ne fait point, à proprement parler, que ce corps materiel qu'on s'imagine avoir, nous appartienne veritablement : desorte que la mort n'est point, comme les hommes grossiers se le persuadent, la séparation de l'ame d'avec son vrai corps; car l'ame ne peut jamais perdre le corps qu'elle possede veritablement. Il est à croire que Saint Paul ne sçavoit pas ce mystere, lorsqu'il disoit, *cupio dissolvi*; car il y a bien de l'apparence qu'il souhaitoit la séparation de son vrai corps d'avec son ame. Quoi qu'il en soit, écoutons le P. M. développer ce nouveau Mystere, dans son second entretien sur la mort.

Là, le bon Ariste, cet éleve de fort beau naturel, & d'une docilité admirable, que le grand Théodore,

dore, le Docteur de la verité, a déja souvent transporté dans la région enchantée des idées ; le bon Ariste, dis-je, paroissant craindre la mort par l'appréhension qu'il a, qu'elle ne sépare son ame de son corps ; Théotime, vieux routier du païs idéal, le raille un peu de cette vaine appréhension. Quoi ! répond Ariste, mon ame à la mort ne sera pas separée de mon corps ? Non apparemment, ni à la mort, ni jamais, lui repart Théotime d'un ton assûré, dont Ariste auroit sagement fait de se païer, sans demander d'autres raisons : car aïant eu l'imprudence de laisser appercevoir qu'il ne se rendoit pas d'abord : Théotime, homme apparemment un peu bilieux, lui empoigne le bras, & le serre si rudement, que l'autre en jette un grand cri ; je ne sçai ce qui seroit arrivé, si Théodore, d'un ton de maître, n'eût dit : Lâchez prise,

Tome I.   G

Théotime. Alors Théotime, en habile homme, trouve le moïen de tourner cette action brusque, en démonstration de son sentiment, & dit à Ariste, devenu beaucoup plus docile; que pour ce méchant bras qu'il lui rendoit par l'ordre de Théodore, il vouloit lui faire present de deux autres bras, bien plus réels que celui-là, de deux bras incorruptibles : & pour faire ce merveilleux present, voicy le tour qu'il prend, & que j'abbrége un peu. Supposons, dit-il, Ariste, qu'on vous ait coupé les deux bras, & que ces deux bras fussent pourris ou brûlez : il est certain que vous sentiriez encore de la douleur dans ces deux bras : or ce ne seroient pas les deux bras pourris ou brûlez qui vous feroient mal ; ce seroient deux autres bras qui affecteroient vôtre ame d'une perception de douleur très-vive : donc aprés qu'on vous auroit coupé ces deux bras de chair, vous en possederiez encore deux autres qui sont les seuls, à parler juste, qui puissent vous faire mal, & ausquels vôtre ame soit veritablement unie : car la douleur n'est point dans ce corps de chair & d'os ; elle n'est que dans l'ame, & ce qui l'y cause, c'est le bras idéal qui est l'objet immédiat & efficace de la perception désagréable. Or nous ne perdrons à la mort, que ces deux bras-cy, qui sont de chair, car les deux autres sont incorruptibles : pensez la même chose de tout vôtre corps. La mort ne corrompra que ce corps materiel, qui ne peut vous faire ni bien ni mal ; elle ne vous ôtera pas un autre corps, qui seul vous appartient & vous est veritablement uni : vous avez donc tort de craindre la mort par cette méchante raison, qu'elle vous separera de vôtre corps ; s'il est vrai que vôtre corps, c'est ce-

Ib. p. 360.

lui qui vous fait mal.

Ariste ne concevoit pas encore trop bien ce langage, faute peut-être, de faire réfléxion à ce qu'on lui avoit souvent repété dans les entretiens précédens, de l'incertitude de l'existence des corps : mais il lui en avoit trop coûté pour avoir contredit Théotime ; c'est pourquoi il prend le parti de prier d'un air fort humble, ce fâcheux Philosophe, de lui expliquer un peu plus au long ces belles choses; ajoûtant, pour l'engager par douceur, qu'il sentoit fort bien la difficulté. Ainsi Théotime recommence, & fait à-peu-près ces nouveaux raisonnemens, qu'il seroit trop long de copier tous entiers.

Ib. p. §63. Je pense, Ariste, que vous êtes aujourd'hui bien convaincu que l'idée de l'étenduë, ou l'étenduë intelligible, n'est point une modification de l'ame, & qu'elle ne se trouve qu'en Dieu… Or cette étenduë est efficace par elle-même, elle peut agir dans l'esprit, elle peut l'éclairer, le toucher, le modifier, en mille manieres ; car cette étenduë, qui est l'archetype de la matiere, n'est que la substance de Dieu, entant que representant des corps, & il n'y a rien en Dieu d'impuissant... En un mot, je croi que vous demeurerez d'accord de ce que Théodore vous a prouvé si souvent ; que l'étenduë intelligible n'est qu'en Dieu, & que cette étenduë agit sans cesse dans les esprits : cela supposé, voicy mon sentiment. Lorsqu'on pense à l'étenduë, les yeux fermez & le cerveau sans images ; alors cette étenduë intelligible affecte l'ame d'une pure perception, elle paroît telle qu'elle est, immense, necessaire, éternelle ; on ne remarque point de difference dans ses parties intelligibles, parce qu'elle touche par tout également l'esprit... Mais

364.

G iij

lorsqu'on ouvre les yeux au milieu d'une campagne ; alors cette même étenduë intelligible devient sensible en consequence des Loix de l'union de l'ame & du corps ; je veux dire, que l'idée de l'étenduë touche l'ame plus vivement qu'elle ne faisoit, & de plus, qu'elle la touche differemment selon ses diverses parties intelligibles, icy d'une couleur, & là d'une autre… C'est-là ce qu'on appelle voir les corps ; car on ne voit point les corps en eux-mêmes… Enfin, lorsqu'on nous touche la main, par exemple, qu'on nous brûle, qu'on nous pique, qu'on nous chatoüille ; alors cette même étenduë intelligible devient, pour ainsi-dire, ou douloureuse, ou agréable, & frappe encore l'ame bien plus vivement que par les couleurs… Et c'est en partie pour cela, qu'on regarde la main comme étant à soi.

Il est donc clair, que l'ame n'est

unie immédiatement, ni à ce corps, ni à ce monde materiel ; mais à l'idée de son corps & au monde intelligible... C'est un bras intelligible ou idéal qui fait mal, non-seulement à un manchot, mais qui vous faisoit mal à vous-même, lorsque je vous serrois incivilement le bras... Dieu seul agit dans nôtre ame par l'idée de l'étenduë qu'il renferme, & par là, il nous unit, non-seulement à nôtre corps ; mais encore par nôtre corps, à tous ceux qui nous environnent : c'est par cette idée qu'il nous découvre les beautez intelligible de son Ouvrage... & qu'il nous fait joüir de ce que vous appellez les douceurs de la vie ; car c'est dans cette idée que se trouvent, & ces beautez, & ces douceurs, comme dans leur cause ; & c'est uniquement dans l'ame qu'elles sont contenuës, comme dans leur sujet.

G iiij

Or il est certain que la mort ne séparera pas l'ame d'elle-même : d'ailleurs l'idée de l'étenduë, ou l'étenduë intelligible, est immuable, nécessaire, toûjours efficace, ou capable d'agir dans les esprits.

Donc la mort qui sépare l'ame de ce corps insensible, de ce monde, par lui-même invisible, n'est nullement à craindre... c'est la mort des impies qui est terrible... cette mort qui sépare l'esprit autant qu'il le peut être, de ses idées.

Après ce beau discours, le grand Théodore prend la parole : » Hé » bien, Ariste, trouvez-vous en- » core qu'à la mort nous fassions » une grosse perte ? Et Ariste con- » vaincu, dit : Quand je fais atten- » tion aux principes dont vous m'a- » vez parlé autrefois, & que vous » venez, l'un & l'autre, de me re- » presenter ; il me semble qu'à la » mort nous ne perdons rien ; car » ce corps ne pouvant agir en nous,

« n'est rien par rapport à nous ?

Je ne m'amuserai point à réfuter icy cette bizarre imagination: tous les Chapitres suivans en feront autant de réfutations; parce que nous y montrerons la fausseté de tous les principes sur lesquels elle est appuïée. Je fais seulement quelques réfléxions en finissant.

VII.

La premiere, c'est que l'union immédiate & essentielle de nôtre esprit à Dieu, dont l'Auteur fait beaucoup de bruit dans tous ses Ouvrages; pourroit bien, comme on l'apperçoit déja dans les discours de Théotime, & comme nous le montrerons dans la suite assez clairement: n'être autre chose que la veuë de l'idée de l'étenduë.

La seconde, c'est que selon la nouvelle Philosophie; ce pourroit bien être une aussi grande enfanfance de s'imaginer qu'un homme meurt, lorsqu'il disparoît ou semble disparoître de ce monde ma-

G v

teriel, en cessant de causer aux autres hommes, les divers sentimens qui faisoient juger qu'il existoit parmi les corps, qu'il nous parloit, qu'il nous touchoit, &c. que c'est une grande enfance de croire, supposé l'existence de la matiere, qu'une liqueur dont le feu éleve & fait évaporer les parties, cesse tout-à-fait d'être, & rentre dans le néant.

    La troisiéme, c'est qu'il est difficile de comprendre, dans cette même Philosophie, que les impies doivent plus apprehender la mort, que les gens de bien; puisque l'idée de l'étenduë, & par consequent le corps intelligible, qui seul nous est directement uni & nous appartient veritablement, est ineffaçable de tous les esprits; puisque cette idée leur est toûjours présente; qu'ils ne peuvent s'en séparer, ni la perdre entierement de veuë : comme nôtre Auteur l'enseigne dans son premier Entretien Métaphysique, & dans ses Entretiens même sur la Mort, & ailleurs. Ainsi, tout au plus, les impies ne peuvent être qu'un peu plus morts, que les gens de bien : ou plûtôt, leur mort ne peut consister, qu'en ce qu'ils seront un peu moins vivans que les Saints ; parce que les idées intelligibles & les rapports de ces idées, ne seront pas manifestez si clairement aux impies, qu'aux Saints ; à cause que ceuxlà se seront remplis l'esprit de faux préjugez & d'affections déreglées qui occuperont toute leur attention, & la détourneront de la veuë claire de l'ordre & de la verité.

La quatriéme, c'est que dans ces merveilleux principes, où le vrai corps de l'homme, est un corps intelligible, est l'idée de l'étenduë : les Anges & Dieu même auroient un corps aussi bien que nous ; car cette idée est commune à tous les *Ib. E 1. p. 27. &c.*

esprits; aux hommes, aux Anges, à Dieu même. Bien plus, ce corps intelligible auquel nos ames sont unies, c'est Dieu lui-même. Ainsi un homme n'est autre chose, *v.ch. 1. ci-dessus.* que le composé d'une ame ou d'une pensée, & de la substance de Dieu. Et peut-être est-ce en ce sens que l'on prétend que nôtre *a Préf.* ame est unie à Dieu d'une maniere bien plus étroite & bien plus essentielle, qu'elle ne l'est à son corps physique & materiel; car enfin, de cette proposition il s'ensuit manifestement, que l'union de nôtre ame avec Dieu, est une union substantielle, & même plus que substantielle, si cela se peut. Que d'unions hypostatiques de la Divinité avec des ames humaines, dont la Religion ne nous avoit point encore parlé! &c.

Tout cela paroîtra bien étrange aux personnes de sens, qui sont instruites des veritez de la Religion : mais je ne croi pas que ce soit à moi, qu'il faille s'en prendre.

Chapitre V.

De l'efficace des causes secondes.

Corps, esprits, pures intelligences, tout cela ne peut rien. Toutes ces petites Divinitez des Païens, & toutes ces causes particulieres des Philosophes; ne sont que des chimeres que le malin esprit tâche d'établir pour ruïner le culte du vrai-Dieu, pour en occuper des esprits & des cœurs, que Dieu n'a fait que pour lui. Ce n'est point la Philosophie qu'on a reçûë d'Adam, qui apprend ces choses; c'est celle qu'on a reçûë du Serpent. Ce faux préjugé de l'efficace des causes secondes, a été l'origine de

I.
R.T. 13
l. 6. 1.
p. 1 c.
3. p. 42.

Ib. p.
325.
326.

158 *Réfut. d'un nouveau Syst.*

Eclair. » l'idolâtrie : c'est lui qui a porté
n 5. » les Egyptiens à adorer non-seu-
» lement le Soleil, la Lune, & le
» fleuve du Nil, mais encore juf-
» qu'aux plus vils des Animaux.
» Les Philosophes Chrétiens de-
» vroient donc combattre sans cef-
» se, un préjugé aussi dangereux,
» que celui de l'efficace des causes
» secondes.

R.T. 1. » Et ce mot général & confus de
l. 3. h. » *concours*, par lequel on prétend
p. c. 6. » expliquer la dépendance que les
p. 217. » créatures ont de Dieu, ne réveil-
a 18. » le dans un esprit attentif, aucu-
» ne idée distincte. Ce concours
» immédiat, qui a je ne sçai quoi
» d'incompréhensible, vient com-
» me après coup, pour justifier nos
» préjugez & la Philosophie d'A-
» ristote. Le vrai concours est l'ac-
» tion de Dieu dans ses créatures,
T. 2. p » par laquelle il met, & les corps,
g 10.
323, Ecl. » & les esprits en mouvement, par
la seule force, toûjours efficace,

de sa volonté, qui fait tout en «
toutes choses ; sans que les créa- « *Ib.* 303.
tures aïent, par elles-mêmes «
aucune efficace. Dieu seul, est la « *M.* 5. p.
seule cause veritable de tout ce « 71.
ce qui se fait dans le monde. C'est «
Dieu seul, qui fait comme cause «
veritable, ce que les hommes «
font, comme causes occasion- « *M.* 6. p.
nelles. « 97.

Ainsi tous ces beaux termes «
de natures, de formes, de ver- « *R.T.* 2.
tus, de qualitez, de facultez, « p. 283.
de force d'agir ; sont des termes «
vuides de sens, & que les per- «
sonnes sages doivent éviter ; *scien-* « *Ecl.* 12.
tia insensati inenarrabilia ver- «
ba, dit l'Ecriture : ces termes «
ne sont propres qu'à couvrir l'i- « p. 309.
gnorance des faux Sçavans, & «
à faire croire aux stupides & aux « *Ecl.* 25.
libertins, que Dieu n'est point «
seul, la vraïe cause de toutes cho- «
ses : c'est une Philosophie chime- «
rique, que celle qui explique les «

160 *Refut. d'un nouveau Syst.*

T. 1. l. » effets naturels par des termes gé-
3. 2. p. » néraux, d'acte, de puissance, de
c. 8. p. » cause, d'effet, de formes, de fa-
317. » cultez, de qualitez, &c. Car il
» est constant que tous ces termes
» ne réveillent dans un esprit at-
» tentif, que l'idée de l'être ou de
» la cause en général, c'est-à-dire,
» de Dieu.

» Les créatures ne sont donc, tout
» au plus, que des causes pure-
» ment occasionnelles, qu'on peut
» aussi appeller naturelles ; parce
M. 6. » qu'elles servent à déterminer les
» Loix de la nature qui ne sont que
» les volontez générales du Créa-
» teur.

» Car mon fils, dit le Verbe, re-
» tiens bien ceci : Dieu ne com-
» munique sa puissance aux créa-
» tures, qu'en les établissant cau-
M. 5. » ses occasionnelles pour produire
» certains effets, en conséquence
p. 92. » des Loix qu'il se fait, pour exe-
» cuter ses desseins d'une maniere

de Metaphysique. 161
uniforme & constante, par les «
voïes les plus simples & les plus »
dignes de sa sagesse, & de ses «
autres attributs. « Cet oracle est en
gros caractere.

Telle est la Doctrine du P. M.
sur l'efficace des causes secondes ;
en ce point beaucoup plus chaud
Cartésien, que ne fut jamais Descartes lui-même : Doctrine qu'il
a reçûë, comme l'on vient de voir,
immédiatement du Verbe Eternel,
dans sa cinquiéme & sixiéme Méditations ; & dont il le remercie
en ces termes : O verité interieu- « *M.6.p.*
re, que vôtre lumiere rend les « 99.
hommes ridicules ! Il me semble «
que je vois une troupe d'aveu- «
gles, privez de sens & de raison. «
Doctrine qu'il a transmise avec bien
du zéle, à son cher Disciple Ariste,
par qui il s'en fait rendre ces extatiques actions de graces : Ah ! « *E.7.p.*
Théodore, que vos principes sont « 274.
clairs, qu'ils sont solides, qu'ils »

» sont Chrétiens! mais qu'ils sont » aimables & touchans! j'en suis » tout pénétré... Oüi, c'est Dieu » qui repousse l'air qu'il m'a fait res- » pirer lui-même; c'est lui qui par » mes organes, en produit les vi- » brations & les secousses... Nous » ne pouvons agir que par l'effica- » ce de la puissance Divine, de nous- » mêmes nous ne pouvons rien... » Rien n'est plus évident que ces » veritez... Voilà d'excellentes » conséquences, reprend modeste- » ment Théodore : ce sont de mer- » veilleux principes pour la mora- » le, ajoûte gravement Théoti- » me.

II. Je ne doute pas qu'on ne soit un peu surpris de la vivacité de nôtre Auteur, pour ne pas dire de ses emportemens, contre des sentimens généralement reçûs & approuvez, non-seulement par tous les Philosophes, si l'on excepte une poignée de Cartésiens : mais par tous les Théologiens, sans exception; par tous les Docteurs Catholiques; par tous les P P. de l'Eglise. Il me semble que la réfléxion qui se présente naturellement, c'est qu'il y a bien de la présomption & de la témérité à oser préferer ses idées particulieres, au sentiment commun, jusqu'à traiter de la maniere la plus indigne, une infinité de personnes, parmi lesquelles on ne peut douter qu'il n'y en ait plusieurs, qui avoient beaucoup de solidité de jugement, & une grande intelligence de la Religion.

Mais la surprise augmentera, si l'on se donne la peine d'approfondir la foiblesse des raisons sur lesquelles on appuïe ce paradoxe. Je choisis les principales, auxquelles j'ajoûterai quelques remarques; car pour les autres, j'ose assûrer qu'elles ne meritent pas d'être refutées.

La premiere se trouve dans la seconde partie du sixiéme Livre de la Recherche, & il est manifeste, que nôtre Philosophe la regarde comme une preuve sans replique, par le préambule qu'il fait avant que de l'exposer. » Afin, dit-il, » qu'on ne puisse plus douter de la » fausseté de cette miserable Phi- » losophie, & qu'on reconnoisse » avec évidence, la solidité des » principes, & la netteté des idées » dont on se sert : il est necessaire » d'établir clairement les veritez » qui sont opposées aux erreurs » des anciens Philosophes, & de » prouver en peu de mots, qu'il » n'y a qu'une vraïe cause, parce » qu'il n'y a qu'un vrai Dieu : que » la nature ou la force de chaque » chose, n'est que la volonté de » Dieu : que toutes les causes na- » turelles ne sont point de verita- » bles causes, mais seulement des » causes occasionnelles. » Après ce

de Métaphysique. 165

beau début, suit la démonstration. « Nous n'avons que deux sortes « d'idées ; idées de corps, idées « d'esprits : & ne devant dire que « ce que nous concevons ; nous ne « devons raisonner que suivant ces « deux idées : ainsi puisque l'idée « que nous avons de tous les corps, « nous fait connoître qu'ils ne se « peuvent remuer ; il faut conclu- « re que ce sont les esprits qui les « remuent. Mais quand on exami- « ne l'idée qu'on a de tous les es- « prits finis, on ne voit point de « liaison necessaire entre leur vo- « lonté, & le mouvement de quel- « que corps que ce soit : on voit « au contraire, qu'il n'y en a point « & qu'il n'y en peut avoir ; on « doit donc aussi conclurre, si on « veut raisonner selon ses lumie- « res, qu'il n'y a aucun esprit créé « qui puisse remüer quelque corps « que ce soit, comme cause verita- « ble.

REMARQUE.

Nous avons déja veu, & nous verrons souvent dans la suite de cet Ouvrage, que le fort du P. M. n'est pas de s'accorder avec lui-même : c'est ce qu'on trouve encore icy. Cet Auteur, peu de pages auparavant, a établi pour régle générale de sa méthode : que nous ne devons raisonner que sur les choses dont nous avons des idées claires. D'un autre côté, il nous déclare en cent endroits, que nous ne connoissons point par idées claires, ni l'ame, ni aucun esprit créé ; que nous ne connoissons ceux-cy que par pure conjecture, & celle-là, que par un sentiment obscur & confus, qui peut-être, ne nous découvre presque rien de ce qu'elle est, & ne nous montre point quantité de facultez qu'elle a ; & néanmoins il appuïe sa démonstration & raisonne sur l'idée, qu'on a, dit-il icy, de tous les esprits finis. Il avoüe encore que nous n'avons point d'idée qui réponde au mot de puissance ou d'efficace : & néanmoins il assûre icy, que non-seulement on ne voit point dans l'idée de l'esprit créé, qu'elle renferme la puissance de remüer les corps ; mais qu'on y voit au contraire que cette puissance n'y est point, & même n'y peut être renfermée : Comment voir que l'idée d'efficace qu'on n'a point, n'est, ni ne peut être renfermée dans l'idée de l'esprit, qu'on n'a pas non plus ?

D'ailleurs, j'ai prouvé que nous ne connoissons pas non plus l'essence de la matiere ou du corps, & qu'ainsi nous n'en avons pas l'idée claire : par consequent, selon nôtre second principe établi dans le troisiéme Chapitre le raisonnement de ce Philosophe est ruïneux par tous les endroits : tant s'en faut que l'Auteur ait droit d'en conclurre une page après; que non-seulement les corps ne peuvent être causes veritables de quoi que ce soit, mais aussi que les esprits les plus nobles sont dans une semblable impuissance.

<small>R. T. 2.
l. 6. 2.
p. c. 3
p. 39.</small>

Il donne encore, dans son Eclaircissement, cette même raison, comme la principale qu'il ait, de n'attribuer aucune puissance ni efficace aux causes secondes; & il la donne sous ce tour un peu different, mais autant ou plus foible que le premier. Quelque effort que je fasse, dit-il, pour comprendre cette efficace, cette force qu'on attribuë aux créatures; je ne puis trouver en moi d'idée qui me la represente; donc il ne la faut point admettre. Il devroit dire de la même maniere : quelque effort que je fasse pour comprendre l'essence de mon ame, & la nature des purs

<small>T. 2. p.
298.
Ecl. 15.</small>

esprits, je ne trouve point en moi d'idées qui me les representent : donc il ne faut admettre ni ames ni esprits purs. Comment un homme qui se pique de justesse d'esprit, n'a-t-il pas apperçû que la consequence de son raisonnement, n'est rien moins que juste, par rapport à l'antecedent d'où il la tire ? Car, puisque je ne puis trouver en moi d'idée de l'efficace des créatures, quelque effort que je fasse pour cela ; c'est une marque que je n'ay point cette idée, & que par consequent je parlerois temerairement, & comme on dit, à la boule-veuë, si sur cela je prononçois absolument, qu'il ne faut point admettre une telle efficace. C'est comme si un aveugle né décidoit qu'il n'y a point de Soleil au monde ; parce que, quelque effort qu'il fasse pour le voir, il n'en peut venir à bout.

En verité, n'auroit-on pas plus

de raison de dire, que ces prétenduës démonstrations font pitié,
que l'Auteur n'en a eu de le dire
dans cet endroit là même, de celle d'Aristote, qui prouve par l'experience, que les corps naturels
ont un principe de leur mouvement ?

Ib. p.
200.

R.T. 2.
p. 192.
&c.
Ecl. 1.

La seconde raison sur quoi le P.
M. fait un grand fond, & par laquelle il lui paroît même qu'il y
a contradiction, que Dieu puisse
donner à ses créatures quelque veritable puissance, ou les établir
cause de quelque réalité Physique :
» c'est, dit-il, qu'il est certain que
» la conservation n'est qu'une créa-
» tion continuée. Un corps, par
» exemple, existe icy ou ailleurs,
» parce que Dieu veut qu'il y soit ;
» car il ne peut pas le créer nulle
» part : & s'il le crée icy, peut-on
» concevoir qu'une créature l'en
» ôte & le mette ailleurs ? N'y a-
» t-il pas, au contraire, contradic-

tion, que les Anges & les Dé- « E. 7. p.
mons joints ensemble, puissent « 259.
lui faire changer de place, puis- «
que nulle puissance, quelque «
grande qu'on l'imagine, ne peut «
surmonter ni même égaler celle «
de Dieu ? De même, Dieu ne «
peut créer de corps, qu'en repos «
ou en mouvement : or un corps «
est en repos, parce que Dieu le «
crée ou le conserve toûjours dans « M. 5. p.
un même lieu : il est en mouve- « 80.
ment, parce que Dieu le crée ou «
le conserve toûjours successive- «
ment en différens lieux ; ainsi, «
afin qu'un esprit remuast un corps «
qui est en repos, ou arrêtast un «
corps qui est en mouvement, il «
faudroit qu'il obligeast Dieu à «
changer de conduite ou d'action : «
ce qui repugne.

REMARQUE.

Voilà une seconde démonstration qui fait autant de pitié, que celle d'Aristote. Il est vrai que la conservation n'est qu'une création continuée : mais la conservation, aussibien que la création, n'est que l'action de Dieu Créateur, qui se termine à l'existence actuelle & Physique du corps ou de l'esprit créé, & qui produit cette existence ; or cette action Divine est toûjours la même, & n'est point changée par la créature, qui fait qu'un corps existe en tel ou tel lieu, plûtôt qu'en un autre ; & que l'esprit se tourne vers un objet ou vers un autre, qu'il se donne telle ou telle modalité. Dieu conserve toûjours également un corps : soit que ce corps soit en mouvement, ou en repos ; car ces manieres d'être, ou plûtôt ces rapports purement extrinséques d'un corps à d'autres corps, ne changent absolument rien, ni dans la substance, ni dans l'existence Physique de ce corps.

de Metaphysique. 173

L'action conservative de Dieu, se termine à l'existence actuelle, mais précisément prise du corps: l'action de la créature qui meut ou arrête ce corps existant, se termine à *l'ubication*, s'il est permis de parler ainsi de ce corps existant, & non à l'existence même: Dieu seul fait que le corps existe; la créature fait avec le concours de Dieu, que le corps existe icy, ou là; constamment dans un même lieu, ou successivement dans plusieurs lieux: & si Dieu créoit un corps dans un certain lieu déterminé, il faudroit necessairement, selon nôtre maniere de concevoir, qu'on distinguast en Dieu une volonté, par laquelle ce corps seroit en ce lieu plûtôt qu'en un autre, differente de la volonté, en vertu de laquelle ce corps auroit simplement l'existence; puisque la volonté, qui donneroit simplement l'existence à ce corps, ne regarderoit

H iij

pas d'elle-même, un lieu plûtôt qu'un autre. Et il ne s'ensuit pas de-là, que Dieu pust créer un corps nulle part; il s'ensuit seulement que Dieu ne peut créer un corps, qu'en même temps il n'ait encore la volonté de le créer dans tel lieu déterminé. Au reste, il est ridicule de dire, que la créature forceroit la volonté de Dieu, & mettroit malgré lui, en mouvement, un corps que Dieu voudroit absolument tenir en repos: car Dieu a bien des moïens d'empêcher que la créature n'use de sa puissance; sans qu'il soit necessaire pour cela, qu'il ne lui en ait donné aucune.

Non-seulement cette démonstration fait pitié, mais elle renferme un principe détestable, lequel, s'il n'étoit faux, ruïneroit de fond en comble la liberté, & par conséquent la Religion; car l'Auteur lui-même, reconnoît avec beau-

coup de raison, que ces deux choses
sont essentiellement liées. Le voicy,
ce principe de la nouvelle Philosophie, qui a tant de quoi plaire
aux Calvinistes, aux Luthériens, &
aux autres Hérétiques de nos jours.
Mettre une substance dans tel ou
tel état, sous telle ou telle modification ; c'est la créer ou la conserver. Or, Dieu seul a la puissance de créer : donc Dieu seul peut
mettre une substance en tel & tel
état, sous telle ou telle modification. Voicy les suites funestes de
ce faux & mauvais principe : donc
il répugne qu'aucune créature se
modifie, ou se donne un nouvel
état : donc il y a contradiction que
l'ame se détermine d'elle-même
à quoi que ce soit ; qu'elle ait un
veritable pouvoir de consentir, ou
de refuser son consentement à
quelque chose ; qu'elle ait une faculté veritablement active, encore moins une faculté libre, par la-

quelle elle puisse se porter à quoi il lui plaira ; car elle se donneroit manifestement une nouvelle maniere d'être, & par consequent se créeroit elle-même, se donneroit l'être à soi-même, ce qui est absurde & impossible.

Au reste, ce que je dis est si vrai, que le P. M. lui-même, n'a pû s'empêcher de le voir ; il a même crû qu'il devoit se proposer cette objection, afin d'y apporter quelque espece de réponse, jugeant bien qu'il seroit fâcheux pour lui qu'on crust que sa Doctrine tendoit-là : mais assûrément sa réponse ne satisfait pas ; on en jugera par ce que j'en dirai dans le Chatre suivant, n. III.

R.T. 2 *l.* 6. 1. *p.* *c.* 3. *p.* 40, 41.
La troisiéme raison qui paroît forte à nôtre Philosophe : c'est que si Dieu communiquoit à un homme ou à un Ange, la puissance de remuer seulement un fêtu, il leur communiqueroit l'efficace de sa vo-

lonté, parce que la puissance de Dieu est sa volonté : & par conséquent, cet homme ou cet Ange pourroient créer & anéantir, faire toutes choses possibles, comme Dieu même ; ce qui répugne.

REMARQUE.

Voilà encore de ces démonstrations, qui font plus de pitié que celle d'Aristote. Que diroit-on à un homme qui raisonneroit ainsi : Si Dieu communiquoit l'être à une créature, il lui communiqueroit sa Divinité ; car l'être de Dieu, c'est sa Divinité : & par conséquent, cette créature seroit Dieu, ce qui répugne ? Pour moi, je lui répondrois qu'il raisonne comme le P. M. mais qu'il ne raisonne pas bien pour cela. Car, quoique l'être de Dieu soit la Divinité même, il ne s'ensuit pas que Dieu communique sa Divinité aux créatures à qu il donne l'être; parce qu'il ne leur donne pas son propre être à lui, mais il leur donne le leur, fort different du sien. De même, quoique la puissance de Dieu soit réellement sa volonté & son essence même: il ne s'ensuit pas, que quand Dieu donne quelque puissance à une créature, il lui donne sa volonté Divine; parce que la puissance qu'il donne à cette créature, n'est pas sa divine Puissance; mais une autre fort differente, une puissance bornée & imparfaite, qui ne peut pas s'étendre à beaucoup d'effets, loin de s'étendre à tout; une puissance qui se termine à la production de simples modalitez, sans pouvoir aller jusqu'à la création d'aucune substance. Si nous avions une idée plus claire de puissance, l'on pourroit marquer plus distinctement, & la nature & les bornes de cette puissance créée, que Dieu donne à ses créatures, plûtôt qu'il ne la leur communique, à parler en rigueur : néanmoins nous avons assez d'idée de production, pour assûrer que l'Auteur ne paroît pas sçavoir encore distinguer deux espéces d'actions productives, qui different cependant entr'elles. La premiere qui s'appelle proprement, *création;* par laquelle une chose passe, pour ainsi dire, simplement du pur néant à l'être : L'autre qui se nomme *éduction* ou modification; par laquelle une chose déja créée & existante, reçoit seulement quelque nouvelle maniere d'être. Or, jamais on ne prétendit que la premiere sorte d'action convînt aux causes secondes, aux créatures ; on ne leur attribuë que la seconde : on ne dit pas, par exemple, qu'une créature puisse produire absolument de rien, un morceau de cire ; mais on dit que ce morceau de cire une fois créé, par la toute-puissante volonté de

Dieu, la créature peut, avec l'aide actuelle & le concours immédiat de Dieu, le mettre en tel ou tel lieu, lui faire prendre telle ou telle figure.

Ib. p. 40.

Mais, répond nôtre Philosophe, je vois en ce cas deux volontez qui concourent, lorsqu'un Ange, par exemple, remuë un corps; celle de Dieu, & celle de l'Ange : laquelle des deux est la veritable cause du mouvement ? N'est-ce pas plûtôt celle de Dieu qui a une liaison necessaire avec la chose qu'il veut, que celle de l'Ange, entre laquelle & la chose voulüe, je ne vois point cette liaison ? Je répons, qu'en ce cas c'est, & la volonté de Dieu, comme cause universelle & principale, & la volonté de l'Ange, comme cause particuliere & subordonnée, qui remuënt ensemble ce corps, qui produisent toutes deux le mouvement : & quoique le P. M. ne voïe point la liailon qui est entre la volonté de l'Ange, & les effets proportionnez à sa puissance naturelle, il ne laisse pas d'y en avoir : du moins est-ce un foible argument, sur tout dans la bouche d'un homme qui reconnoît n'avoir d'idée ni d'Ange, ni de puissance, ni d'efficace, ni d'action ; que de dire, je ne vois pas telle efficace dans l'idée d'un Ange : donc elle n'y est pas renfermée. Un Païsan qui ne sçauroit ce que c'est qu'un quarré, ni que la diagonale d'un quarré, ni ce qu'on appelle commensurable ou incommensurable ; auroit trop de bon sens pour dire : Je ne vois point dans l'idée du quarré, que sa diagonale soit incommensurable avec ses côtez : donc tous les Géometre se trompent, quand ils assûrent que la diagonale d'un quarré est incommensurable avec ses côtez.

III. Je croi en avoir assez dit pour faire sentir le peu de fondement qu'a eu le P. M. de déclamer en termes si forts & si peu ménagez, contre l'efficace des causes secondes. Voïons présentement s'il ne se seroit point laissé aller à ces emportemens, faute de sçavoir ou d'entendre les raisons sur quoi est fondé le sentiment commun.

Comme les êtres dont nous aïons quelque connoissance certaine par la lumiere naturelle, se réduisent principalement aux corps & aux esprits, n'ayant point les idées claires ni des uns ni des autres : je n'ay garde de vouloir consulter ces idées, pour sçavoir si les créatures ont une veritable puissance d'agir, comme nôtre Auteur l'a voulu faire, mais en vain, pour prouver qu'elles n'avoient nulle efficace. De quels moïens donc nous servirons-nous, pour faire cette découverte ? Nous consulterons les lumieres que nous fournit la Religion, qui peuvent nous éclairer un peu sur

cette matiere, & l'autorité de l'E-
criture Sainte : Nous examinerons
ce que nous apprend le sentiment
interieur par rapport à nôtre ame :
Nous verrons si l'opinion qui ôte
toute efficace aux créatures, n'a
point des consequences ou absur-
des ou dangereuses, qui doivent
obliger à l'abandonner elle-même
comme absurde, ou dangereuse.
Commençons.

 Tout le monde sçait, que la
Doctrine du *concours immédiat* de
Dieu avec ses créatures, est si uni-
versellement reçuë, si constamment suivie, & regardée comme
si importante dans les Ecoles Catholiques ; que les Théologiens
ont taxé d'erreur, l'opinion particuliere du fameux Durand, qui
donnoit atteinte à cette Doctrine : & il importeroit peu d'expliquer icy, en quoi précisément le
Docteur Durand étoit opposé au
sentiment commun sur le con-

cours ; car de quelque maniere qu'il y fuſt oppoſé, il eſt toûjours certain qu'il n'a encouru les cenſures des Théologiens, que parce que ſon opinion ne s'accordoit pas avec ce ſentiment ; ce qui ſuffit pour nous convaincre que la Doctrine du concours eſt regardée comme une Doctrine importante.

Or il eſt évident qu'on ne peut admettre le concours de Dieu avec ſes créatures, qu'on ne tienne que que les créatures agiſſent auſſi avec Dieu, & produiſent avec lui l'effet, à la production duquel Dieu concourt ; car qui dit *concours* de Dieu avec la créature, dit action de Dieu & de la créature : ſi Dieu faiſoit ſeul tout ce qui ſe fait au monde, certes il ne concourreroit point, il agiroit ſeul : Dieu concourir avec la créature, c'eſt Dieu & la créature agir enſemble. Et il ne faut pas être fort verſé dans la lecture des Philoſophes & des

de Métaphysique. 185

Théologiens, pour sçavoir que c'est-là en effet, ce qu'ils conçoivent tous, quand ils traitent du concours. Le P. M. lui-même, l'a fort bien conçu dans ses Eclaircissemens sur l'Optique, où il parle ainsi : " Le concours simultané, suppose une cause efficace qui est " *E. T. 4.* prête à agir, & avec laquelle Dieu " *p. 191.* joigne son concours. "

Donc il faut convenir, que les Ecoles Catholiques reconnoissent que les créatures agissent veritablement, sont de vraies causes, ont quelque puissance & quelque efficace; & que ces Ecoles regardent comme une opinion erronée, celle qui nie cette efficace, aussi bien que celle qui nie le concours.

Quelque peu de cas que le P. M. semble faire des Théologiens, il sçait pourtant si bien que dans l'Eglise on regarde comme une témérité, l'opinion d'un particulier qui contredit le sentiment universel des Écoles Catholiques ; qu'il n'a osé nier ouvertement, que Dieu concourust immédiatement avec la créature : mais premierement, il devoit donc avoir aussi la même discrétion par rapport à l'efficace des causes secondes, puisqu'elle est necessairement liée avec le concours : mais secondement, il semble vouloir imposer à ses Lecteurs, en affectant de retenir le mot de *concours*, lorsqu'il nie formellement la chose signifiée par ce mot ; car il est clair que la créature ne faisant rien, comme il le soûtient, & ne pouvant avoir aucune efficace, ni aucune vraie puissance ; Dieu ne concourt pas non plus veritablement avec elle ; il fait lui seul tout, en toutes choses ; ce sont les termes de l'Auteur. Mais troisiémement, il ne s'accorde pas avec lui-même, puisque d'un côté, il reconnoît que le concours simultané, suppose une cause effi-

T. 2. p. 320. 321. Ecl. 15.

Ib. p. 303. p. 305.

cace & prête à agir, & que de l'autre il ne reconnoît aucune cause créée de cette nature.

En effet, il est difficile de trouver nulle part plus de galimatias & de contradictions, qu'on en rencontre dans le quinziéme éclaircissement sur la Recherche, depuis la page 304. jusqu'à la page 322. où ce Philosophe veut paroître admettre le concours, sans pourtant le tenir.

D'abord il prétend, non-seulement refuter, mais rendre ridicule l'opinion du concours & de l'efficace des causes secondes; « parce que, dit-il, si les créatures agissoient, & si Dieu concouroit à leurs actions, il s'ensuivroit que Dieu agiroit & combattroit contre lui-même, qu'il agiroit inutilement ; car les créatures font beaucoup d'actions contraires, & qui se détruisent les unes les autres ; elles en font beaucoup d'in-

p. 304.

305.

utiles. Raisonnemens pitoïables à la verité, & sur tout dans ses principes, comme nous le verrons bien-tôt; mais raisonnemens pourtant qui lui font prendre le parti de dire, que c'est Dieu seul qui fait tout en toutes choses : Ils sembleroient plus propres à en faire prendre un tout contraire.

317. A la page 317. il a peine à s'empêcher d'avoüer que les Peres ont toûjours favorisé l'efficace des causes secondes : il répond néanmoins, 1°. que quand cela seroit, peut-être ne seroit-on point obligé d'avoir égard à leur sentiment, s'il ne paroissoit qu'ils eussent examiné avec soin cette question, & que ce qu'ils en auroient dit, n'auroit point été une suite du langage, lequel se forme & s'établit sur les préjugez : voilà le cas qu'il fait du sentiment commun des Saints Peres. Il répond, 2°. que néanmoins, cela n'est point vrai, & que

les Peres au contraire, & les personnes les plus saintes, ont ordinairement fait connoître par quelques endroits de leurs Ouvrages, quelle étoit la disposition de leur esprit & de leur cœur, à l'égard de cette question ; cela est bien-tôt dit : Mais on voudroit qu'il apportast les preuves qu'il a des dispositions interieures des personnes les plus saintes, par rapport à l'impuissance des causes secondes.

A la page 318. encore embarassé de cette autorité des Peres, il assûre, mais sur sa seule parole, que les plus éclairez & même le plus grand nombre des Théologiens, voïant d'un côté que l'Ecriture Sainte étoit contraire à l'efficace des causes secondes ; & de l'autre, que l'impression des sens, la voix publique, & principalement la Philosophie d'Aristote, qui étoit en vénération parmi les Sçavans, l'établissoit. Ils se sont avisez d'inventer le concours de Dieu, comme un temperament propre à accorder la Foy avec la Philosophie des Païens. Voilà une grande loüange donnée aux Théologiens les plus éclairez, entr'autres à Saint Thomas, que cela regarde plus que personne; elle marque bien l'estime qu'en fait nôtre Auteur.

Ib. Quelques lignes aprés, oubliant ce qu'il vient de dire, il reconnoît que l'opinion du concours immédiat de Dieu, à chaque action des causes secondes, semble s'accommoder avec les Passages de l'Ecriture, qui attribuë souvent un même effet à Dieu & aux créatures; à quoi il répond : „ Je prouverai „ dans le dernier Eclaircissement, „ que Dieu seul peut donner à l'a-„ me les perceptions des objets, „ & que nulle créature, nulle intel-„ ligence finie, quelque puissance „ qu'elle ait, ne peut en ce cas

être prête à agir & à exiger le con- „
cours de Dieu. Réponse assez bi- „
zarre, & puis il ajoute : mais quand „ *p.* 319.
même le concours immédiat de „
Dieu avec les causes secondes, se- „
roit propre pour accorder les diffe- „
rens passages de l'Ecriture-Sainte ; „
je ne sçai si avec tout cela, il fau- „
droit le recevoir. Paroles, com- „
me l'on voit, fort sensées.

Jusqu'icy, il est manifeste que
le nouveau Philosophe se moque
du concours & de ceux qui le tiennent ; quoi qu'il avouë que c'est le
plus grand nombre des Théologiens les plus éclairez.

Cependant, à la page suivante *p.* 320.
il entreprend de faire voir que ses
sentimens se peuvent accorder en
quelque chose, avec ceux de ce
plus grand nombre des Théologiens qui tiennent le concours, quoiqu'il ne doive pas, dit-il, dissimuler que leur langage lui paroît fort
équivoque & fort confus.

192 *Réfut. d'un nouveau Syst.*

Mais voïons comment il mon-
p. 320. tre cet accord de ses sentimens
avec ceux des Théologiens : " Je
croi, continuë-t-il, que les corps
" n'ont point la force de se remüer,
" & que leur force mouvante n'est
" que l'action ou la volonté de
" Dieu : cela étant, lorsqu'un corps
" en choque & en meut un autre ;
" je puis dire qu'il agit par le con-
" cours de Dieu, & que ce con-
" cours n'est pas distingué de son
" action propre ; car un corps ne
" meut celui qu'il rencontre que
" par son action, qui n'est au fond,
ib. " que la volonté de Dieu.... De
" même, à l'égard des causes li-
" bres, je croi que Dieu donne sans
" cesse à l'esprit une impression vers
" le bien en général, & qu'il dé-
" termine même cette impression
" vers des biens particuliers, par
" des idées ou des sentimens qu'il
" met en nous ; ainsi la force qui
" met nos esprits en mouvement,
c'est

de Metaphysique. 193
c'est la volonté de Dieu qui nous «
anime ; car les volontez de Dieu «
étant efficaces par elles-mêmes , «
il suffit qu'il veüille pour faire , «
& il est inutile de multiplier les «
êtres sans necessité ; d'ailleurs «
tout ce qu'il y a de réel dans les «
déterminations naturelles de nos «
mouvemens , vient aussi unique- «
ment de l'action de Dieu en nous... «
Donc , (consequence admira- «
ble!) Nous n'agissons que par «
le concours de Dieu , & nôtre « Ib.
action n'est point differente de «
celle de Dieu : c'est, comme le «
disent la plufpart des Théolo- «
giens , *eadem numero actio*... «
Voilà tout ce que je puis faire , «
pour accorder ce que je pense , «
avec le sentiment des Théolo- «
giens, qui soutiennent la necessi- «
té du concours immédiat.

Je laisse aux Lecteurs , à faire
leurs réflexions sur ce discours du
P. M. pour moi je ne crois pas de-
Tome I. I

194 *Réfut. d'un nouveau Syst.*
voir mettre icy les miennes : car je ne veux que réfuter les opinions de cet Auteur, je ne veux pas le choquer : ainſi je continuë à apporter les raiſons qui prouvent l'efficace des cauſes ſecondes.

IV. La Doctrine Catholique enſeigne encore, & c'eſt un article de Foy ; que la volonté de l'homme eſt une puiſſance active & libre, qui peut ſe déterminer elle-même, ſoit au bien, ſoit au mal, ſe porter à tel ou tel objet qu'il lui plaît : ainſi c'eſt une verité qu'on ne peut nier ſans tomber dans une affreuſe héréſie ; que les créatures, les cauſes ſecondes peuvent avoir une vraïe puiſſance d'agir. Mais on verra dans le Chapitre ſuivant, comment nôtre Philoſophe prétend ſe tirer de ce mauvais pas.

V. L'Ecriture Sainte, & de l'Ancien & du Nouveau Teſtament, attribuë manifeſtement, comme nôtre Philoſophe lui-même en con-

Ib. p. 313.

vient, des vertus aux Elemens & aux Plantes, des facultez aux Animaux; elle enseigne en mille endroits, que Dieu leur a donné ces vertus & ces facultez. Donc nous devons croire qu'effectivement ces créatures ont ces facultez, & le témoignage de nos sens s'accordant fort avec la parole de Dieu, sans que nous aïons aucune raison solide qui nous démontre le contraire; ce seroit une grande témérité que de nous jetter dans des opinions opposées.

Examinons ce que répond à cela, l'ennemi des causes secondes. Ses réponses confirmeront beaucoup nôtre preuve. En premier lieu, il apporte cinq ou six autres Passages, où il est dit que Dieu fait seul toutes choses, qu'il donne la vie à tout : celui de Job qui dit, que les mains de Dieu l'ont formé : celui où la mere des Macabées proteste à ses enfans, qu'el-

Ib. 3.13;

Ie ne sçait pas comment leurs corps se sont formez & accrûs dans son sein. Mais il ést manifeste que dans les premiers, il s'agit de la création du Ciel & de la Terre, & de toutes les substances vivantes. *Ego sum Dominus faciens omnia, extendens cœlos solus, stabiliens terram, & nullus mecum.* Isa. ch. 44. Quant aux seconds, ce n'est pas effectivement la volonté de la mere, qui arrange les organes du corps de son enfant, ni l'ame de cet enfant qui forme son propre corps, puisqu'il doit être déja suffisamment formé, avant qu'elle y soit unie. D'ailleurs, que s'ensuit-il de l'apparente opposition de ces Passages, dont les uns disent que les créatures agissent, & les autres assûrent que Dieu fait tout; sinon que Dieu agit en tout avec ses créatures, & que rien ne se fait, qu'il ne le fasse veritablement en y concourant?

Sa seconde réponse se réduit à ;14. dire, que dans les Passages qui favorisent l'efficace des causes secondes, le Saint Esprit n'a pas parlé selon ses propres lumieres, mais selon les préjugez ordinaires, & l'opinion commune: or il est à remarquer que suivant le P. M. ces préjugez ordinaires, selon lesquels le Saint Esprit parle le plus souvent contre ses propres lumieres; ce sont des préjugez détestables, qui viennent du Paganisme, & qui conduisent droit à l'Idolâtrie, qui ruïnent le culte du vrai-Dieu: des préjugez qu'une secrette aversion *Ib. p. 298.* que l'homme a contre Dieu depuis le peché, favorise & augmente dans les esprits devenus tous charnels: des préjugez qui flattent les desseins les plus bizarres, les passions les plus déreglées, &c. Voilà les préjugez ausquels le Saint Esprit s'accommode contre ses propres lumieres. Cette explication de l'Ecriture-Sainte, n'est-elle pas tout-à-fait judicieuse ? Passons à une autre preuve de la fausseté de la nouvelle opinion.

VI. Nous avons déja dit, que le sentiment interieur nous convainquoit, que nos pensées renfermoient quelque action ; car il n'est pas possible que la réflexion que l'ame fait essentiellement sur ce qui se passe en elle, ne soit pas un acte de nôtre esprit ; autrement, il seroit même impossible que nous apperçussions les idées de la maniere que prétend nôtre Auteur : le sentiment interieur nous assûre donc aussi que les créatures peuvent avoir une veritable puissance d'agir. Ce même sentiment ne nous permet guéres non plus de douter que nôtre ame ne soit vraie cause des mouvemens volontaires & libres qui se font dans nôtre corps ; & c'est une foible objection que de dire, que nous ne connois-

ci-dessus ch. I. n. VI.

ci-dessus, 2 {.} ch 4. n. VII.

fons pas les muscles où il faut en- R.T. 2.
voyer les esprits animaux, pour l. 6. 2.
remüer le bras ; car cette objec- p. c. 3.
tion n'est fondée que sur l'ignoran- p. 40.
ce où nous sommes, & de l'essen-
ce de nôtre ame, & de la nature
de son union avec le corps, & par
consequent de celle de son action
même sur le corps.

Enfin, si l'on peut juger qu'une VII.
opininion ne doit pas être reçûë,
par les ridicules consequences où
elle engage ses partisans ; certainement il faut rejetter celle du P. M.
sur l'impuissance absoluë des causes secondes ; car où réduit-elle
son Auteur ? elle le réduit à dire ;
que Dieu seul agit dans le monde ; qu'il fait generalement tout
ce qui s'y passe, soit dans les substances spirituelles, soit dans la matiere ; que lui seul anime les esprits, & donne aux corps tous
leurs mouvemens : ces propositions
lui sont familieres. Or cela s'ap-

I iiij

pelle faire Dieu, l'ame du monde, l'ame universelle ; le faire, non-seulement le premier mobile, mais l'unique moteur de l'Univers, qui ne sera plus de lui-même, qu'une pure machine que Dieu fera joüer. Cela s'appelle faire Dieu, positivement & directement Auteur & l'unique Auteur de tous les monstres, de tous les désordres ; de tous les déreglemens quels qu'ils soient, soit dans la nature corporelle, soit dans la nature spirituelle ? Cela s'appelle substituer seulement le mot ou l'idée de Dieu à cette chimére, que les Païens & les Athées nomment nature, ame universelle du monde, fortune, destin. Cela s'appelle faire combattre Dieu contre soi-même, lui faire faire bien des actions inutiles ; puisque nous voïons dans le monde tant d'effets contraires, & qui se détruisent les uns les autres.

R.T. 2
p. 303
304
309.
Ecl. 15

de Métaphysique. 201

Ah! répond le P. M. il est vrai, Dieu seul fait tout ce qui se fait en toutes choses, puisque les créatures n'ont nulle efficace; mais il ne fait rien par des volontez particulieres, il n'agit jamais que par des volontez générales, lesquelles sont déterminées par des causes occasionnelles; telles qu'est le choc des corps, par rapport aux Loix qu'il a établies pour la communication des mouvemens; telles que sont les ébranlemens des fibres du cerveau, par rapport à d'autres Loix, selon lesquelles il a résolu de modifier l'ame de différentes perceptions. Mais moi, je lui répons aussi, que sa réponse ne fait qu'augmenter l'absurdité des conséquences qui suivent de son principe; car ces causes occasionnelles que Dieu a voulu qui déterminassent ses Loix, ou ses volontez générales; c'est Dieu, lui-même qui les fait, & qui se les fournit, par

I v

autant de volontez particulieres : par exemple, sa Loi ou sa volonté générale de la communication des mouvemens ; c'est que, lorsqu'un corps mû choquera un autre corps en repos, le mouvement se communique à proportion, & selon la ligne de la pression : & la cause occasionnelle qui déterminera, ou appliquera cette Loi générale, ce sera le choc même plus ou moins fort : or Dieu seul fait ce choc, tout comme aprés ce choc il fait le mouvement du corps choqué ; ainsi Dieu ne fait que déterminer lui-même ses volontez générales, par ses propres volontez & actions particulieres ; plus on voudra approfondir ceci, plus on se convaincra que rien n'est plus mal imaginé, qu'il n'y a rien même de plus badin & de plus indigne de la majesté de Dieu, à qui l'on fait joüer, si j'ose ainsi parler, un jeu d'enfant : on lui fait pousser un corps contre

Ib. p. 305.

un autre, afin d'avoir le plaisir de pousser aussi le corps choqué; on lui fait former des volontez générales, par lesquelles il dit, toutes les fois que telle chose arrivera, je ferai ceci ou cela : aprés quoi on nous le represente faisant lui-même arriver cette chose, pour se donner l'occasion de faire ce qu'il avoit dit : Dieu, par exemple, décerne que toutes les fois que les fibres du cerveau d'un homme seront ébranlées de telle maniere, il produira dans l'ame de cet homme tel sentiment de douleur ou de plaisir; ensuite il ébranle lui-même ces fibres justement de cette maniere, comme pour se procurer la satisfaction d'imprimer dans l'ame de cet homme, le sentiment qu'il avoit attaché à cet ébranlement.

Disons quelque chose de plus fort : les traces faites dans le cerveau, déterminent la manifestation des idées, & la présence des idées, fortifie aussi les traces du cerveau ; ensuite l'idée & la trace profonde qui l'accompagne, sont l'occasion d'un sentiment très-vif : ce sentiment est lui-même la cause occasionnelle qui détermine très-violemment le mouvement de la volonté vers l'objet qui a fait la premiere impression sur les sens : si donc cet objet est mauvais & défendu ; Dieu cependant a sa présence, en forme une profonde trace dans le cerveau de l'homme ; ensuite il se sert de cette trace, qu'il a lui-même gravée, pour se déterminer à découvrir à l'esprit l'idée de cet objet, & à l'accompagner d'une sensation très-forte de douleur & de plaisir, qui occupe toute la capacité de penser qu'a l'ame, jusqu'à lui ôter, en beaucoup de rencontres, la liberté de faire attention à autre chose : de cette sensation, Dieu en prend derechef occasion de tourner violemment

R. T. 1.
l. 5 c 8
p. 369

R. T. 2
p. 189.
Ecl. 1.

vers l'objet dangereux, le mouvement qu'il donnoit à l'ame, vers le bien en général: toutes ces choses se passent dans l'ame & dans le corps naturellement, c'est-à-dire, par la seule efficace de la volonté de Dieu; ou machinalement, c'est-à-dire, selon ce joli systéme où Dieu établit pour cause occasionnelle de l'application de ses volontez générales, les modalitez que lui-même met dans les créatures par ses volontez particulieres. L'ame n'a point d'autre part à tout cela, que celle d'assister nécessairement à ce beau jeu de sa machine, sans qu'elle puisse l'empêcher.

R. T. I.
l. 5 c. 4.
p. 336.

R. T. I.
l. 5 c. 3.
p. 330.

Je ne pousse pas plus loin ce détail, chacun voit jusqu'où il peut aller. Je me contenterai donc de dire, qu'on ne trouve pas ces inconveniens dans le sentiment orthodoxe de l'efficace des causes secondes, & du concours. Car dans ce sentiment, on conçoit d'un côté, que Dieu créant différens Etres, avec les facultez qu'exige la nature d'un chacun, il est très-raisonnable qu'il leur laisse exercer ces facultez qui leur sont naturelles : & l'on comprend d'un autre côté, que le souverain domaine de Dieu, sur tous les Etres créés, & la très-grande dépendance que tous ces Etres doivent avoir de leur Créateur, non-seulement quant à l'existence, mais aussi quant à leurs operations ; exigeant que l'Etre supréme ait, pour ainsi dire, sa part & la meilleure part de tout ce qui se fait ; ensorte qu'il ne se fasse rien indépendamment de lui, sans son aide & son concours ; il est très-conforme à la raison & à ce que nous pouvons connoître des voïes de la sagesse éternelle, de penser que Dieu a dû s'engager en quelque façon, à agir avec ses créatures, toutes les fois qu'elles agiroient elles-mêmes ; qu'il a dû vouloir s'accommoder en qualité de cause universelle, à toutes les déterminations particulieres que ses créatures lui donneroient ; soit les esprits, par leurs volontez libres, qu'il devoit laisser à leur propre arbitre, afin d'en être servi d'une maniere digne de lui ; soit les Etres privez de liberté, par les differentes conjonctures qui résulteroient de la combinaison des Loix de la nature, du choc des corps, par exemple, & des diverses impressions des objets, sur les puissances qui leur sont proportionnées : mais malheur aux créatures libres, qui contre les lumieres de leur raison & de la Foy, abuseront de leur liberté, pour faire servir Dieu à leurs iniquitez ; en faisant contre sa Loy, & malgré ses menaces, un détestable usage du secours qu'il s'est très-sagement obligé à ne leur point refuser, tou-

tes les fois qu'elles en auroient besoin, pour exercer une puissance
dont il n'a ni dû, ni même pû les
priver, supposé qu'il les créast :
toute la faute retombe sur elles
seules, parce qu'elles se déterminent librement à faire ce que le
devoir leur deffend ; il n'en rejal-
lit rien sur Dieu, qui ne fait jamais
que ce qu'il doit faire. Quant aux
causes necessaires, les effets opposez & contraires, qui résultent de
leurs differentes combinaisons, ne
marquent point non plus d'imperfection, ni d'opposition dans la
conduite de Dieu, qui concourt à
tout ; ils prouvent seulement que
le caractere essentiel à la créature, est l'imperfection & la limitation, que Dieu seul est incapable
d'alteration & de changement ; les
variations de l'Univers, ne trou-
blent point l'uniformité de sa conduite, qui est toûjours la même,
lorsqu'il concourt à des évene-

miens contraires;& sa Sagesse sçait même trouver dans ces désordres apparens qui nous frappent la veüe, l'accomplissement de ses desseins, les plus grands & les plus dignes de lui, que la Foy nous fait entrevoir, & que sa lumiere nous découvrira un jour.

Concluons donc qu'on ne peut concevoir que Dieu n'agisse ordinairement, que par des volontez générales dans le gouvernement du monde : & qu'on ne peut comprendre la sagesse, la sainteté, l'équité, la régularité de sa conduite ; qu'en rejettant l'opinion du P. M. qui refuse toute puissance & toute efficace aux causes secondes ; & qu'en embrassant le sentiment opposé, qui attribuë aux créatures une veritable puissance d'agir ; sentiment reçu par tout ce qu'il y a de Philosophes sensez, conforme aux pensées des SS. P P. soûtenu par tous les Théologiens Catholiques, appuïé sur l'autorité de l'Ecriture, neceſſairement lié avec des dogmes eſſentiels de nôtre Foy.

Chapitre VI.

De la liberté de l'Homme.

CEtte queſtion a beaucoup de liaiſon avec la précedente; car ſi ni les corps, ni les eſprits, ni les pures intelligences, ne peuvent rien : ſi c'eſt uniquement celui qui a fait les eſprits, qui les éclaire, & qui les agite; ſi ce n'eſt que l'Auteur de nôtre être qui execute nos volontez, en obéïſſant inceſſamment aux Loix générales que lui-même a portées, c'eſt-à-dire, en executant par des volontez particulieres, ce qu'il lui a plû de ſe preſcrire par des volontez générales, *ſemel juſſit, ſemper*

R.T. 2
l. 6 1.
p. 5 3.
l. 42.

paret, dit nôtre Auteur ; il s'enfuit manifestement que la volonté de l'homme ne peut être qu'une faculté purement paſſive, ſans action, ſans liberté.

Toutesfois, le P. M. ſemble ſe déclarer par tout, pour la liberté ; il fait valoir les preuves Philoſophiques qu'on a coûtume d'en apporter ; il la ſuppoſe dans ſes Ouvrages, & peut-être même lui attribuë t-il dans quelques endroits, beaucoup plus qu'il ne devroit : comme on pourra voir dans la troiſiéme partie de cette réfutation. *Ib. p. 193. 194. 195. Ecl. 1.*

3. partie ch. 3. n. vi. ch. 5. n. 2. & 11.

Je ne puis donc croire qu'il s'éloigne de la Foy de l'Egliſe ſur cet article ; j'aime mieux penſer qu'il lui eſt arrivé ſur cette matiere, ce qui lui arrive ſur la pluſpart des autres, de ne s'entendre pas trop lui-même, & de parler peu conſequemment. En effet, j'avoüe pour moi, que je trouve tant de confuſion, tant de diſcours inintelligibles, tant de propositions mal d'accord, si peu de suite dans toutes les parties de la nouvelle Métaphysique sur ce point de la liberté; que j'ai de la peine à me persuader que le nouveau Docteur ait jamais compris ce qu'il a voulu enseigner aux autres.

Pour donner quelques preuves de ce que je dis, en débroüillant autant que je pourrai ce chaos; je vais d'abord exposer les principes du P. M. qui rüinent de fond en comble la liberté : ensuite, j'exposerai aussi le plus fidellement qu'il me sera possible, ce que j'ai conçû de la maniere dont il prétend pouvoir l'expliquer, sans se départir d'aucune de ses autres opinions : Enfin, je mettrai les raisons pour lesquelles je ne croi pas qu'on puisse recevoir son explication.

1°. Le Chapitre précedent, fournit déja beaucoup, & quiconque voudroit rendre la foy de l'Auteur suspecte, par rapport à la liberté de l'homme : car, encore une fois, si les esprits ne peuvent avoir, non plus que les corps, aucune efficace ; s'il y a même contradiction que Dieu leur donne aucune puissance, ou les établisse causes de quelque réalité physique ; si Dieu fait absolument tout en toutes choses ; si les termes de faculté, de puissance, de cause, d'acte, d'effet, ne sont que des termes vagues & vuides de sens, que les personnes sages doivent éviter, lorsqu'elles parlent des créatures, tant spirituelles que corporelles, parce que ces termes font un langage tout païen, réprouvé par l'Ecriture, inspiré par le pere du mensonge, pour détruire le culte du vrai Dieu : il est manifeste que la volonté de l'homme, ne peut être une faculté active, qu'il n'y a point dans nous de liberté ; que ces mots de volonté libre, d'actes, de libre arbitre, &c. sont, non-seulement depuis le peché d'Adam, mais absolument & pour tout état de la nature humaine, des paroles qui ne signifient rien, ou qui ne couvrent qu'un sens faux & dangereux, suggeré aux hommes par Satan : *Titulus sine re, figmentum à Sathanâ invectum in Ecclesiam.*

<small>Trid. sess. 6. Can. 5.</small>

2°. Nôtre Philosophe ne tient point non plus de concours de Dieu avec ses créatures, comme nous l'avons veu ; il n'emploïe ce mot que pour imposer à quiconque voudra bien s'y tromper. D'un autre côté, il n'a garde de tenir, que les créatures agissent seules & fassent tout, sans que Dieu s'en mêle ; il rejette au contraire avec horreur, cette opinion. Donc il ne croit pas que la volonté de l'homme agisse, & fasse quoi que ce soit, bien loin de la croire libre & maîtresse de se porter d'el-

le-même, où il lui plaît : mais il est persuadé que Dieu seul forme en elle tous les mouvemens, & execute lui-même, ce que nous appellons nos volontez particulieres. R.T. 2.
l. 6. 1.
p. c. 1.
p. 42.

3°. Dès le commencement du premier Livre de la Recherche, on voit une comparaison soûtenuë pendant plusieurs pages, de l'ame avec la matiere, & des facultez de celle-là, avec les facultez de celle-cy : je l'ai exposée au long dans le premier Chapitre n. 111. Auroit-on grand tort d'en conclure, sur tout, après ce qu'on a veu de l'impuissance, & de l'inaction des causes secondes ; que le sentiment du P. M. est, que la volonté, ou ce qu'on appelle le libre arbitre de l'homme, ressemble tout-à-fait à un morceau de matiere brute, à un corps sans ame, qui peut bien être poussé icy ou là, mais qui ne peut rien faire de soi- R.T. 1.
l. 1. c.
1. p. 2.
l. 4. §.

même, pour résister aux impressions qu'on lui donne. *Liberum hominis arbitrium... velut inanime quoddam nihil omninò agere mereque passivè se habere?*

Trid.
seff. 6.
Can. 4.

4°. L'Auteur dit même quelque chose de plus; car il déclare, que par ce mot de *volonté*, ou de capacité qu'à l'ame d'aimer differens biens, il prétend désigner : » l'impression ou le mouvement » actuel, qui nous porte vers le » bien indéterminé & en général : & c'est pour cela qu'il dit ailleurs, que la volonté n'est qu'une propriété de la pensée, comme la capacité d'être muë, ou plûtôt le mouvement même, est une proprieté de l'étenduë ; parce que, comme l'on conçoit que la matiere peut exister sans aucun mouvement, on conçoit de même, que l'esprit peut être sans aucune impression de l'Auteur de la nature, vers le bien, & par consequent sans

R.T. 1.
l. 1. c.
1. p. 5.

Ib. l. 3.
1. p. c.
1 p.
187.

sans volonté : car la *volonté*, repete-t-il icy, n'est autre chose que cette *impression*. Donc la volonté est quelque chose de purement passif; ou plûtôt, elle n'est point tant une proprieté passive, qu'une pure passion ; car un mouvement, une impression, par laquelle l'esprit est poussé & porté vers le bien, est certainement une pure passion dans l'esprit, comme le mouvement imprimé à un corps, est une pure passion dans ce corps; l'esprit ne fait que recevoir ce mouvement, cette impression ; & par ce mouvement, il est dans un état aussi purement passif, quant à lui, qu'une boule qu'on pousse est, par cette impulsion, mise dans un état purement passif, quant à elle : or je demande si une pure passion, peut jamais être une faculté, active, libre, & maîtresse d'elle-même ?

5º. En effet, dans la Philosophie Malbranchiste, l'entendement ou la pensée substantielle, est toute seule, ce qui constituë l'essence de l'esprit : elle est entierement passive, elle ne renferme aucune action : mais *vouloir*, ou la *volonté*, n'en est qu'une *proprieté*, qui ne lui est point essentielle. Or, comme j'ai déja remarqué, on ne peut pas concevoir qu'une faculté active, qu'une puissance libre & maîtresse de ses déterminations, soit la *proprieté* d'une chose entierement passive & sans action ; par consequent il ne se peut pas faire, que la volonté, n'étant qu'une *proprieté* de la pensée, soit une faculté active & libre. Donc la volonté n'est qu'une faculté purement passive, aussi-bien que l'entendement ; comme dans la matiere, la faculté d'être mûë est une *proprieté* aussi passive que l'étenduë même, ou la capacité de recevoir des figures.

60. Ce Philosophe répondra, que dans l'endroit même d'où je tire ces dernieres raisons, il les a suffisamment détruites, en disant qu'il y avoit cette difference très-considerable, entre la capacité d'être mûë qu'a la matiere, & la volonté de l'homme ; que la matiere est toute sans action, n'a aucune force pour arrêter son mouvement, ni pour le déterminer ou le détourner d'un côté, plûtôt que d'un autre : au lieu qu'on peut dire *en un sens*, que la volonté est agissante, parce que nôtre ame peut déterminer diversement, l'inclination ou l'impression que Dieu lui donne... Desorte que la liberté, est la force qu'a l'esprit de détourner vers les objets particuliers qui nous plaisent, l'impression ou le mouvement que Dieu lui donne vers le bien en général.

R. T. I.
l. I. c.
I. p. 52.

Ib.

Mais je lui soûtiens, moi, que cela ne peut satisfaire ceux qui entendent un peu son système; & que si je n'étois bien persuadé de sa probité & de sa Religion, je serois fort porté à ne regarder cette réponse, que comme un discours captieux, qui couvriroit tout le venin d'une pernicieuse erreur. Car je lui demande en premier lieu, si l'on peut croire qu'il admette sincerement dans l'esprit, une force positive de détourner où il lui plaît, & vers d'autres objets, ce mouvement, par lequel Dieu le pousse invinciblement vers le bien en général, & incréé ? Cela s'accorde t-il avec son grand principe de l'inaction, & de l'impuissance absoluë des esprits & des plus nobles intelligences ? Cela s'accorde-t-il avec cette prétenduë démonstration, par laquelle il s'imagine avoir prouvé qu'il y a même contradiction, que Dieu communique à ses créatures aucune veritable puissance, & les établisse causes de quelque réalité physique? Car enfin, la force qu'auroit l'esprit de détourner le mouvement que Dieu lui imprime, ne seroit-elle pas une veritable puissance? & cette nouvelle détermination qu'il se donneroit, ne seroit-elle pas une détermination réelle & physique, d'un mouvement physique & réel, dont l'esprit seroit établi vraïe cause? Cela s'accorderoit-il encore avec ce qu'il dit; que quand un corps est en mouvement, tous les Anges & les Démons ne pourroient pas le mettre en repos, parce qu'autrement, leurs volontez vainqueroient & surmonteroient celle de Dieu? Car si ce raisonnement avoit quelque solidité : comment est-ce que l'esprit auroit la force d'arrêter & de détourner vers des créatures, contre la volonté de Dieu, ce mouvement, par lequel l'Auteur de son être le porte sans cesse

R.T. 1.
l. 3. 2.
T. c. 6.
p. 221.

vers lui, & tâche de rendre sa volonté semblable à la sienne ? Cet esprit tout seul, surmonteroit donc la volonté de Dieu, sans que, ni les Anges ni les Démons, joignissent leurs efforts aux siens.

En second lieu, je le prie de me dire, dans quelle faculté de l'esprit il feroit résider cette force qu'il lui attribuë ? Sera-ce dans l'entendement ? mais selon lui, l'entendement est une faculté entierement passive, laquelle, par consequent, ne peut pas être agissante, ni avoir la force de rien faire. Sera-ce dans la volonté même ? mais selon lui encore, la volonté n'est que le mouvement même imprimé à l'esprit vers le bien en général ; or un mouvement qui n'est qu'un état passif ou plûtôt une pure passion dans la chose mûë, ne peut pas avoir la force de se détourner lui-même ; un mouvement est une maniere d'être de la chose mûë, laquelle ne peut pas être capable d'agir sur soi-même, & de se modifier à son gré.

Sa réponse ne sçauroit donc satisfaire. Quel peut donc être ce mysterieux sens, où l'on pourroit dire néanmoins, que la volonté seroit agissante ? Un autre fameux Cartésien, qui s'accorde mieux avec nôtre Auteur sur le Chapitre de la liberté, que sur quelques autres points, explique ce sens à-peu-près de cette maniere, autant que je m'en puis souvenir, pour l'avoir lû autrefois ; il dit : Que les idées déterminent par leur présence, le mouvement de la volonté vers les objets qu'elles representent à l'esprit, à-peu-près comme un plan immobile, sur lequel on pousse une bale, détermine par la réfléxion le mouvement de cette bale, à décrire une autre ligne vers un terme opposé : mais qu'il y a cette difference, entre les déterminations du mouvement de l'ame, causées par les idées, & les déterminations du mouvement d'une bale, causées par la rencontre du plan immobile; que les idées sont dans l'ame, & lui appartiennent, au lieu que le plan est étranger à la bale : ainsi on ne peut pas dire que la détermination ou la réfléxion du mouvement de la bale, provienne de la bale même, ni de rien qui lui soit intrinsèque; comme on peut au contraire fort bien dire, que les déterminations du mouvement de la volonté, proviennent *ab intrinseco*, & ont leurs causes dans l'ame même; & que par consequent, c'est en quelque façon l'ame même qui détermine ses mouvemens, & les tourne vers tel ou tel objet, puisque les idées qui causent ces déterminations, ne sont pas distinguées d'elle, & sont réellement sa substance. Il est vrai que le P. M. ne tient point, comme cet Auteur Cartefien, que nos idées ne soient point réellement distinguées de nôtre esprit : il pense, au contraire, qu'elles sont des êtres fort differens de nous. Mais il enseigne que la perception que nous avons de l'idée, est une modification de nôtre ame : ainsi il n'y aura qu'à substituer les perceptions que nous avons des idées, aux idées mêmes ; & son systéme reviendra fort bien à celui de cet autre Philosophe ; en disant, que cette force qu'a l'ame de détourner son mouvement, consiste dans les differentes perceptions qu'elle reçoit de differentes idées ou de differens objets, lesquelles perceptions sont les causes naturelles & occasionnelles, des déterminations qui arrivent à ce mouvement. Par-là, on concevra que Dieu seul, par l'efficace de sa volonté, execute toutes nos volontez particulieres, en obéïssant à la Loy générale qu'il a établie ; que toutes les fois qu'il nous affecteroit de quelque perception agréable, il détermineroit vers l'objet qui semble causer ce plaisir, le mouvement qu'il nous imprime vers le bien en général, *semel jussit, semper paret.* On concevra encore que le seul Auteur de nôtre être éclaire nôtre esprit, en lui découvrant dans sa divine substance, differentes idées ; que lui seul à l'occasion de la perception de ces idées, touche nôtre ame de diverses sensations agréables ou désagréables ; que lui seul à l'occasion & des perceptions pures que nous avons des idées, & des sentimens ou perceptions sensibles dont nôtre ame est modifiée, agite en differentes manieres nôtre volonté, en tournant son mouvement vers differens objets, tantôt l'un, tantôt l'autre. Et néanmoins on pourra dire aussi, *en un sens*, que l'ame est agissante, parce qu'elle aura en elle-même, c'est-à-dire, dans ses perceptions & ses sentimens, le principe de toutes les déterminations de sa volonté; quoique ce ne soit pas elle qui en soit la vraie cause; puisqu'il y a contradiction que Dieu établisse aucune créature cause veritable de quelque réalité physique, & qu'il lui communique aucune vraie puissance. On donnera même à ce principe, des déterminations de la volonté qui est dans l'ame, le beau nom de *force*; en sous-entendant, *telle qu'en peut avoir une créature*. Et puis on s'applaudira de pouvoir sans se contredire, assûrer que l'homme est libre, puisqu'il a la force de déterminer le mouvement de sa volonté, vers les objets *qui lui plaisent*. Dernieres paroles fort remarquables; c'est-à-dire, vers les objets qui causent ou qui semblent causer les perceptions & les sentimens agréables dont nous sommes affectez.

R.T. x. l. 1. c. 1. p. 5.

7°. C'est encore un grand principe dans le nouveau systéme, que Dieu ne peut tirer ses connoissances que de lui-même; qu'il ne peut trouver que dans sa substance les idées qu'il a des choses; qu'il ne peut voir que dans sa propre essence, les essences de tous les êtres possibles; & dans ses volontez, leur existence & toutes les circonstances de leur existence. Ainsi il ne voit point en eux-mêmes aucun des objets de sa Divine connoissance: » car, dit Théodore, par- » lant à Ariste, je vous dis hardi- » ment que Dieu est à lui-même sa » lumiere, qu'il découvre dans sa » substance tous les êtres & tou- » tes leurs modalitez possibles; & » dans ses décrets, leur existence » & toutes leurs modalitez actuelles. De-là n'est-il pas naturel de conclure; donc ou Dieu ne connoît point nos actes libres, & les déterminations que nous nous don-

[margin:]
RT 1.
l. 3 2
p. c. 5.
p. 215
l. 4. c.
11. p.
298.

T. 2. p
267.
Ecl. 10.

E. 8 p
315
p. 316.

nons de nous-mêmes, soit au bien soit au mal, par l'usage de nôtre *franc arbitre*; si nous avons la liberté d'indifference : ou bien s'il connoît toutes nos modalitez actuelles, toutes les circonstances de nôtre existence, toutes les déterminations de nos volontez ; il ne les connoît que dans ses décrets, dans ses propres volontez, qui font seules tout ce qui se passe en nous, sans que nous y aïons aucune veritable part, comme causes ; bien moins encore comme causes libres & maîtresses de leurs actes. Mais le P. M. ne tient pas que Dieu ignore les déterminations de nos volontez ; donc il croit que Dieu seul forme en nous, par ses décrets efficaces, tout ce que nous appellons les actes de nos volontez.

8°. Enfin le P. M. déclare nettement & souvent, qu'il n'y a que l'Auteur de nôtre être qui puisse en changer les modifications : qu'il

R. T. I.
l. 3. 2. p.
c. 6 p
219. ib.
l. 5. c. 5.
p. 3. 4.
34. &c

n'y a que Dieu qui puisse éclairer & mouvoir l'esprit, en un mot, qui puisse agir en lui : que sans Dieu nous ne voulons rien, nous ne connoissons rien, nous ne pouvons rien ; qu'il est nôtre tout, &c. La derniere de ces trois propositions auroit un bon sens dans la bouche d'un homme qui tiendroit la Doctrine ordinaire du concours : mais dans la bouche du P. M. qui regarde ce concours, comme je ne sçai quoi d'incomprehensible, inventé par les Théologiens, pour accorder la Philosophie Païenne avec l'Ecriture ; cette derniere proposition, signifie comme les deux premieres, que les mouvemens & les déterminations de la volonté humaine, étant des modifications de l'ame, Dieu seul peut nous donner & changer en nous ces mouvemens & ces modifications ; par ce grand principe, que la conservation n'étant que la création continuée, celui-là seul peut modifier une substance, qui peut la créer; parce que l'on suppose, que modifier une substance, c'est la conserver ou la faire exister de telle maniere.

T. 2. p.
195.
Ecl. 1.

Voilà quelques-unes des raisons qui serviroient à justifier que le jugement désavantageux qu'on pourroit porter contre le P. M. sur l'article de la liberté, ne seroit pas tout-à-fait témeraire: Voïons maintenant s'il se purge bien de ce fâcheux soupçon, dans l'éclaircissement qu'il a donné sur cette matiere, & qui est le premier des éclaircissemens sur la Recherche.

R. T. 2.
p. 1374
& seqq.
Ecl. 1.

L'Auteur commence ainsi: « Quelques personnes prétendent « que j'abandonne trop tôt (au « Chapitre premier du premier Livre de la Recherche) la compa- « raison de l'esprit avec la matie- « re, & s'imaginent qu'il n'a pas « plus de force qu'elle, pour dé- «

II.

» terminer l'impression que Dieu
» lui donne; ils souhaitent que j'ex-
» plique, si je le puis, ce que Dieu
» fait en nous, & ce que nous fai-
» sons nous-mêmes lorsque nous
» pechons; parce qu'à leur avis,
» je serai obligé par mon explica-
» tion de tomber d'accord, ou que
» l'homme est capable de se don-
» ner à soi-même quelque nouvel-
» le modification, ou bien de re-
» connoître que Dieu est veritable-
» ment Auteur du peché. Je ré-
» pons, continuë-t-il, que la Foy,
» la raison, & le sentiment interieur
» que j'ai de moi-même, m'obli-
» gent de quitter cette comparai-
» son où je la quitte: car je suis con-
» vaincu en toutes manieres, que
» j'ai en moi-même un principe de
» mes déterminations, & j'ai des
» raisons pour croire que la ma-
» tiere n'a point de semblable prin-
» cipe.

Aprés ce préambule, il fait une

longue explication de son sentiment : dont je croi que voici la substance.

1°. Dieu nous pousse sans cesse, & par une impression *invincible*, vers le bien en général ; car il nous a faits, & nous conserve pour lui, il est le premier, ou plûtôt *l'unique moteur*... Il nous présente l'idée d'un bien particulier, ou nous en donne le sentiment ; car il n'y a que lui qui nous éclaire, & qui puisse agir sur nôtre esprit.... Enfin il nous porte vers ce bien particulier : car Dieu nous portant vers tout ce qui est bien ; c'est une consequence necessaire qu'il nous porte vers les biens particuliers, lorsqu'il en produit la perception ou le sentiment dans nôtre ame. Voilà tout ce que Dieu fait en nous, quand nous pechons.

Ib p. 188. & seqq.

2°. Mais (c'est toûjours l'Auteur qui parle) comme un bien particulier ne renferme pas tous les biens ; & que l'esprit le considerant d'une vûë claire & distincte, ne peut croire qu'il les renferme tous : Dieu ne nous porte point nécessairement ni invinciblement à l'amour de ce bien. Nous sentons qu'il nous est libre de nous y arrêter ; que nous avons du mouvement pour aller plus loin ; en un mot, que l'impression que nous avons pour le bien universel, ou pour parler comme les autres ; que nôtre volonté n'est ni contrainte ni necessitée de s'arrêter à ce bien particulier.

3°. Voicy donc ce que fait le pecheur : il s'arrête, il se repose, il ne suit point l'impression de Dieu, il ne fait rien ; car le peché n'est rien... Il devroit & pourroit penser à d'autres biens qu'à celui dont il joüit, afin qu'il s'excitast en lui de nouvelles déterminations de son amour, qui lui donnassent le moïen de faire usage de sa liberté autant qu'il le peut, en confentant à ces nouvelles déterminations ; & cependant il n'y penfe pas, à ces autres biens ; mais il s'arrête, il fe repofe dans celui dont il joüit, & duquel il devroit feulement faire ufage.

4°. Or je prouve qu'il peut penfer à d'autres biens, car c'eft en cela précifément que confifte la difficulté. C'eft une Loy de nature, que les idées des objets fe préfentent à nôtre efprit, dès que nous voulons y penfer... Or nous pouvons vouloir penfer à toutes chofes ; parce que l'impreffion naturelle qui nous porte vers le bien, s'étend à tous les biens aufquels nous pouvons penfer, & nous pouvons en tout temps penfer à toutes chofes, parce que nous fommes unis à celui qui renferme les idées de toutes chofes... De-là on doit conclure.

5°. Premierement, que nous

avons un principe de nos déterminations : car c'est la présence actuelle des idées particulieres, qui détermine positivement vers des biens particuliers, le mouvement que nous avons vers le bien en général.

6°. Secondement, que ce principe de nos déterminations est toûjours libre à l'égard des biens particuliers : parce que nous ne sommes point invinciblement portez à les aimer ; puisque nous pouvons toûjours penser au vrai-bien, ou à d'autres biens, qu'a ceux ausquels nous pensons actuellement. C'est-là le principe de nôtre liberté.

7°. Il est évident de tout cecy, que Dieu n'est point Auteur du peché, & que l'homme ne se donne point à lui-même de nouvelles modifications. Dieu n'est point Auteur du peché ; puisqu'il imprime incessamment à celui qui peche ou qui s'arrête à un bien par-

ticulier, du mouvement pour aller plus loin; qu'il lui donne le pouvoir de penser à autre chose...
L'Homme ne se donne point aussi de nouvelles modifications qui modifient ou qui changent physiquement sa substance ; car le mouvement d'amour que Dieu imprime sans cesse en nous, n'augmente ou ne diminuë pas par les differentes déterminations qu'il reçoit des idées particulieres de nôtre esprit ; ce mouvement ne cesse pas même par le repos dans la possession du bien, comme le mouvement des corps cesse par leur repos : ainsi ce mouvement est toûjours uniforme, nôtre capacité de vouloir est toûjours égale à elle-même.

8°. Il est encore certain, par ce que j'ai dit, que Dieu produit & conserve aussi en nous, tout ce qu'il y a de réel & de positif dans les déterminations particulieres du mouvement de nôtre ame ; sçavoir, nos idées & nos sentimens : car c'est ce qui détermine naturelment vers les biens particuliers, nôtre mouvement pour le bien en général, mais d'une maniere qui n'est point invincible ; puisque nous avons du mouvement pour aller plus loin. Desorte que tout ce que nous faisons quand nous pechons, c'est que nous ne faisons pas tout ce que nous avons le pouvoir de faire... Mais en cela, il n'y a rien de réel de nôtre part, qu'un défaut & une cessation d'examen ou de recherche, qui corrompt l'action de Dieu en nous, mais qui ne peut néanmoins la détruire.

9°. Ainsi que faisons-nous quand nous ne pechons point ? nous faisons tout ce que Dieu fait en nous. Car nous ne bornons point à un bien particulier, ou plûtôt à un faux bien, l'amour que Dieu nous imprime pour le vrai-bien. Et quand nous pechons, que faisons-nous ? *Rien*. Nous aimons un faux bien que Dieu ne nous fait point aimer par une impression invincible ; nous cessons de chercher... Nous ne faisons que nous arrêter, nous reposer : c'est par un acte sans doute ; mais par un acte qui ne produit rien de physique dans nôtre substance ; par un acte qui dans ce cas, n'exige pas même de la vraïe cause, quelque effet physique en nous, ni idées, ni sensations nouvelles. C'est-à-dire, en un mot, par un acte qui ne fait rien, & ne fait rien faire à la cause générale, en tant que générale, en faisant abstraction de sa justice : car le repos de l'ame, comme celui des corps, n'a nulle force ou efficace physique.

10°. J'avouë cependant que lorsque nous résistons à la tentation, on peut dire que nous nous donnons une nouvelle modification en ce sens, que nous voulons actuellement & librement penser à d'autres choses qu'aux faux biens qui nous tentent ; mais nous ne le voulons que parce que nous voulons être heureux, que par le mouvement que Dieu imprime sans cesse en nous vers le bien en général ; en un mot, que par nôtre volonté secouruë par la grace... Car enfin, si l'on prétend que vouloir differentes choses, c'est se donner differentes modifications ; ou que nos divers consentemens que je regarde comme des repos, soient des réalitez physiques ; je demeure d'accord qu'en ce sens l'esprit peut se modifier diversement, par l'action ou le desir d'être heureux que Dieu met en lui, & qu'en ce sens, il a une veritable puissance : mais il me paroît qu'il n'y a pas plus de réalité dans le consentement qu'on donne au bien, que dans celui qu'on donne au mal... Je ne vois pas que nos repos reglez ou déreglez,

glez, qui nous rendent justes ou criminels, changent par eux-mêmes physiquement la substance de nôtre ame. Il me paroît même qu'il y a contradiction, & qu'ainsi Dieu ne peut pas même donner à ses créatures de veritable puissance, ou les établir causes de quelque réalité physique ; car je croi qu'il est certain que la conservation, n'est qu'une création continuée, &c.

Voilà ce qui s'appelle l'éclaircissement & l'explication la plus nette, qu'on puisse donner du sentiment de nôtre Philosophe ; car j'ai fidellement copié ses pensées, & je n'ai obmis que des discours incidens, plus propres à obscurcir, qu'à éclaircir ce qu'il veut dire. On en pourra juger par la lecture de l'Auteur même. Au reste, il suppose icy quelques principes que nous refuterons dans la seconde partie, & dont je ne dirai rien à présent ; par exemple, que nous avons toutes choses présentes en Dieu : que nos desirs sont la cause occasionnelle de la manifestation des idées divines à nôtre esprit, &c. Je lui passe tout cela, quant à présent, pour ne m'arrêter qu'à ce qui regarde mon sujet, qui demande que nous examinions maintenant si cette explication est recevable, & si elle peut contenter l'esprit sur la matiere de la liberté.

III. Pour le faire d'une maniere plus précise & plus nette ; qu'on me permette d'introduire un anti Malbranchiste qui forme ses difficultez, & un Malbranchiste qui tâche de les résoudre. A. marquera le premier, qu'on suppose avoir apporté ci-dessus n. 1. les raisons qu'on pourroit avoir de douter que le P. M. tienne une vraïe liberté dans l'homme. M. signifiera le second, qui est supposé avoir expliqué ci-dessus n. 11. la maniere dont le P. M. développe le mystere de la liberté. Commençons la conference, sans leur faire perdre le temps en complimens.

A. Dans l'éclaircissement précedent, on déclare (n. 5.) que le principe de nos déterminations qui est en nous, n'est autre chose que la présence actuelle, c'est-à-dire, la perception des idées particulieres ; laquelle détermine vers les biens particuliers, le mouvement qui nous porte sans cesse au bien en général. Or ce principe ne dépend pas de nous ; car les idées nous affectent le plus souvent malgré nous, & nous modifient de differentes perceptions, à l'occasion des impressions qui se font sur nos sens, ou des ébranlemens fortuits & involontaires, des fibres de mon cerveau. Donc ce principe de ces déterminations, quoiqu'il soit en nous, n'est point cependant un principe libre, & qui suffise icy. Mais cette explication que vous avez faite, revient justement à ce que je disois (n. 1. 6.) en parlant de cet autre Cartésien, qui compare les déterminations de nôtre volonté causées par la présence des idées; à la réfléxion du mouvement d'une bale repoussée par un plan immobile.

M. Il est vrai que les idées divines nous affectent souvent malgré-nous, & même de perceptions très-vives qui déterminent fortement le mouvement de l'ame vers leurs objets. Cela arrive en consequence des Loix de l'union de l'ame & du corps; dont la principale est, que toutes les fois qu'il se fait certains changemens dans les esprits animaux, & les fibres du cerveau, aussi-tôt la réalité toûjours efficace de la substance divine, agisse sur nos esprits, pour les éclairer entant que representative des êtres particuliers, par des perceptions légeres ; ou pour les toucher par des sensations fortes & vives. Mais prenez garde, s'il vous plaît, à ce qu'on ajoûte dans l'éclaircissement (n. 6.) sçavoir ; que ce principe de nos déterminations, est toûjours libre à l'égard des biens particuliers ; parce que nous ne sommes point invinciblement portez à les aimer ; comme nous le sommes à aimer le bien en général, à cause qu'il n'est pas en nôtre pouvoir de ne vouloir pas être heureux.

A. Je croi vous entendre : Vous voulez dire apparemment, qu'il y a, par rapport à nous, cette difference entre le bien en général, & les biens particuliers ; que Dieu n'a pas pû nous créer, sans nous imprimer un mouvement constant & continuel vers celui-là : parce qu'il ne peut pas nous créer, qu'il ne nous crée pour lui, & qu'il ne

R T. 1.
l. 3 2.
p c. 6.
p. 221.

nous porte incessamment à lui; qui est, selon vous, ce bien même vague & en général. Au lieu qu'il n'y a aucun bien particulier, vers lequel il soit necessaire que nous soïons portez; il n'y en a aucun vers lequel il ne se puisse faire que nous n'aïons aucun mouvement : & lors même que nous avons du mouvement vers quelqu'un de ces biens particuliers; ce bien néanmoins est de telle nature, que nôtre mouvement peut être détourné de lui, & déterminé vers un autre objet tout different, ou même opposé. Ainsi le mouvement qui nous porte vers le bien en général, est invincible en ce sens, qu'il est necessairement dans l'ame & ne peut jamais cesser d'y être : mais le mouvement qui nous porte à un bien particulier, n'est pas invincible ; parce qu'il peut n'être point du tout dans l'ame ; & lors même qu'il y est, il peut toûjours, ou cesser, ou être détourné vers un autre objet.

Mais vous me permettrez de vous dire, que cela ne suffit pas, pour faire que l'homme soit libre de cette liberté d'indifférence active, que les Théologiens Catholiques défendent contre les Hérétiques, comme un des points fondamentaux de la Religion. Car enfin, on pourroit dire dans vôtre même sens, que le mouvement d'un chien affamé vers un morceau de pain, est un mouvement libre; parce qu'il n'est pas invincible, puisque ce chien peut être sans ce mouvement, ou que ce mouvement peut être arrêté tout-à-fait, ou détourné vers quelqu'autre objet. De même, le mouvement d'une boule vers cette muraille, pourroit s'appeller un mouvement libre; parce qu'il n'est pas invincible, puisque je puis avec ma main, ou l'arrêter, ou le détourner vers un autre côté.

M. Je vous demande pardon si je vous dis, que vous n'avez pas pris ma pensée. Quand je vous ay répondu que nôtre mouvement vers un bien particulier, n'étoit point invincible, j'ai entendu qu'il dépendoit de nous de le détourner ailleurs, & de faire ainsi usage de nôtre liberté, en ne nous reposant point dans ce bien.

A. Mais de grace, comment s'y prendra l'ame pour détourner ailleurs ce mouvement, elle qui n'a ni ne peut avoir aucune efficace, aucune vraïe puissance ?

M. L'éclaircissement vous l'apprend (n. 2. & 3.) elle n'a qu'à se laisser aller au mouvement qu'elle a pour aller plus loin, elle n'a qu'à suivre l'impression qui la pousse au vrai bien, le bien universel. Ou bien, elle n'a qu'à penser, comme elle le peut, à d'autres biens ; afin qu'il s'excite en elle de nouvelles déterminations de son amour.

A. Souffrez, je vous prie, qu'à l'occasion de la premiere maniere dont vous dites que l'ame peut faire usage de sa liberté, en s'abandonnant au mouvement qui la porte plus loin, à l'impression qui la pousse jusqu'au bien en général : je vous fasse une difficulté, qui vous paroîtra peut-être nous détourner un peu de nôtre sujet ; mais qu'il est bon neanmoins que je vous découvre, avant que d'aller plus loin. Vous prétendez que l'ame ne s'attache à un bien particulier que parce qu'elle détermine à ce bien, l'impression qu'elle a reçûë vers le bien en général. Cela me paroît incomprehensible dans vos principes. Je ne conçois pas que dans vôtre systéme, une créature puisse avoir la force de déterminer à un bien particulier, l'impression divine qui la pousse incessamment vers le bien en général. Il me semble, au contraire, qu'il ne lui est pas possible de ne se point abandonner à cette impression divine, & de n'en être pas entrainée ; car selon vous, l'ame n'a nulle efficace, nulle puissance, nulle force ; son entendement est une faculté entierement passive ; sa volonté n'est autre chose que ce mouvement même que Dieu lui donne, & qui la porte ou l'entraine invinciblement vers le bien universel : elle ne peut donc pas s'empêcher d'aller ou d'être poussée jusqu'au terme, non plus qu'une bale qu'on pousse d'un coup de raquette dans les filets, ne peut s'arrêter en chemin ; car, comme dit fort bien le P. M. lui-même, dans un endroit, où apparemment il ne faisoit pas attention à ce qu'il avoit dit dans celui-cy ; *il faut certainement de la force pour agir, ou pour resister à quelque action.*

de Métaphysique. 251

M. Quoi donc, est-il difficile de concevoir que l'ame ne se laisse pas aller au mouvement que Dieu lui donne pour aller plus loin, lorsqu'elle se repose, comme en chemin, dans un bien particulier ?

A. Je vous avoué que c'est là justement ma difficulté : je ne comprens pas plus que l'ame portée par un mouvement invincible vers le bien universel, puisse se reposer, elle qui n'a ni force, ni action, & s'arrêter comme en chemin, dans un bien particulier, en résistant à l'action de Dieu ; que je comprens qu'une bale violemmens poussée dans les filets, puisse s'arrêter à trois pas de la raquette, & se reposer là. Vous dites même encore quelque chose de plus incomprehensible, quand vous assûrez (n. 7.) que ce mouvement de l'ame vers le bien universel, ne cesse point par le repos de l'ame, dans la possession d'un bien

L vj

particulier ; comme si l'on disoit que la bale s'arrêteroit, sans néanmoins cesser d'être portée plus loin. L'ame sera donc en même temps en repos & en mouvement : elle sera en même temps portée plus loin vers le bien universel, & arrêtée en deçà, dans un bien particulier. Enfin, l'ame en même temps pechera, en se reposant dans le bien particulier, & fera son devoir en allant jusqu'au bien en général. Mais nous aurons bien-tôt lieu de parler encore de ce repos de l'ame ; revenons de nôtre petit écart.

L'ame, dites-vous, peut faire qu'il s'excite en elle de nouvelles déterminations ; parce qu'elle peut penser à d'autres biens, qu'à ce bien particulier où son mouvement la porte. Je ne puis vous dissimuler, que cette réponse ne me contente point : car voicy comme je raisonne suivant vos propres principes (n. 4.) Afin que l'ame pen- R. T. 2. se à d'autres biens, & détermine p. 200. ainsi son mouvement vers diffe- Ecl. 2. rens objets; il faut que la volonté commande à l'entendement, de lui repréſenter quelqu'autre objet particulier que celui qui la détermine actuellement ; non point que je m'imagine que ces deux facultez, entendement, & volonté, soient deux entitez differentes; non, je sçai qu'elles ne sont Ib. p. réellement que l'ame même. Il 201. faut que la vonté forme des desirs par rapport aux idées de ces autres objets, qu'elle ſouhaite la préſence de ces idées, qu'elle ordonne à l'entendement de s'appliquer à les conſiderer. Or je maintiens que selon vôtre Doctrine, la volonté ne peut pas former de tels desirs; elle ne peut donc pas tourner l'entendement, ni l'appliquer à ces autres idées.

M. C'est que vous ne faites pas

réfléxion que l'esprit a toûjours présentes les idées de toutes choses dans la substance de Dieu, qui renferme les archétypes des intelligences de tous les êtres : desorte que l'esprit peut, par ses désirs & son attention, s'approcher, pour ainsi dire, de celles d'entre les ces idées qu'il souhaite considerer de plus prés.

A. Pardonnez-moi, je fais réfléxion à tout cela, & j'y trouve des difficultez particulieres : mais ce n'est pas icy le lieu de les expliquer. Je prétens donc, que supposé même cette présence des idées de toutes choses à l'esprit; la volonté ne peut former ces desirs, qui sont selon vous, la cause occasionnelle & naturelle, qui approche les idées de l'ame, & qui les détermine à l'affecter de perceptions plus vives.

M. Prouvez vôtre proposition.

A. Voicy comme je la prouve :

Souvenez-vous seulement que je parle toûjours selon vos principes. Premierement, la volonté n'est autre chose que le mouvement & l'impression que Dieu nous donne vers le bien en général : elle est formellement ce mouvement & cette impression même : dire le mouvement que Dieu nous imprime vers le bien, c'est dire la *volonté* ; & réciproquement, dire la *volonté*, c'est dire ce mouvement : tout comme dire triangle, & dire figure bornée par trois lines, c'est dire une même chose. Or ce mouvement, cette impression mise dans l'ame; cette maniere d'être, cet état où Dieu conserve l'ame, ne peut être conçû comme quelque chose d'actif & capable de former des desirs, de se retourner soi même vers tel ou ou tel objet, non plus que le mouvement imprimé à un corps : l'un ne se peut pas plus concevoir que l'autre ; & je suis seur que le chef de vôtre Secte, ne le conçoit pas lui-même. Secondement, la volonté former le desir d'avoir plus présente une certaine idée, c'est la volonté se porter déja d'elle-même vers cette idée, y tourner son mouvement, déterminer positivement vers ce bien particulier, l'impression que Dieu lui donne vers le bien universel : car, comme dit fort bien le P. M. « il ne faut pas « s'imaginer que la volonté com-« mande à l'entendement d'une « autre maniere que par ses desirs « & ses mouvemens ; car la volon-« té n'a point d'autre action. Or on ne peut pas dire dans vôtre systéme, que la volonté se porte d'elle-même, qu'elle tourne son mouvement, qu'elle se détermine positivement vers telle idée ou vers tel objet particulier.

R. T 2.
p. 200.
Ecl. 2.

 M. Pourquoi ne le pourroit-on pas dire ?

A. Parce que selon vous (n. 5.) le principe des déterminations de la volonté ; c'est la préfence des idées particulieres ; c'est cette préfence actuelle qui détermine positivement vers des biens particuliers, le mouvement qui nous porte au bien en général. Donc vous devez fuppofer l'idée d'un bien particulier déja préfente, avant que vous puifsiez fuppofer aucune détermination du mouvement de la volonté vers cette idée ou vers ce bien particulier. Donc il y a contradiction que la détermination du mouvement de la volonté, caufe la préfence de l'idée ; puifque c'eft au contraire la préfence de l'idée, qui caufe la détermination du mouvement de la volonté. J'ajoûte encore que fi la volonté fe tournoit ainfi de foi-même, & déterminoit pofitivement fon mouvement vers un objet particulier, en défirant fa préfence ; elle fe modifieroit physiquement elle-même, elle se donneroit une nouvelle maniere d'être très-réelle; elle auroit une veritable efficace, elle seroit la vraïe cause efficiente & physique, d'un effet très-physique. Or vous ne pouvez pas admettre aucune de ces consequences.

M. Vous ne vous souvenez apparemment plus que dans l'éclaircissement, l'Auteur déclare (n. 10.) que si l'on prétend que vouloir differentes choses, que vouloir penser à tel ou tel objet ; ce soit se donner differentes modifications : il demeure d'accord que l'esprit peut se modifier en ce sens, par l'action ou le desir d'être heureux que Dieu met en lui, & qu'en ce sens, il a une veritable puissance. Que voulez-vous de plus clair ?

A. De bonne foi, vous-même, pouvez-vous trouver cette réponse claire, peut-elle seulement vous paroître plausible ? Je demande d'abord ce que vous entendez par ces paroles : *L'esprit peut se modifier par l'action d'être heureux, que Dieu met en lui ?* Vous me direz, après y avoir bien rêvé, que cela signifie que le desir naturel que nous avons d'être heureux, nous excite à vouloir examiner differens biens, afin de voir lequel est le plus capable de nous contenter : mais en premier lieu, il ne falloit donc pas joindre ces deux mots, action, ou desir d'être heureux ; car quand on pourroit appeller le bonheur actuel, l'action d'être heureux, cette action differeroit fort du desir d'être heureux. Mais en second lieu, toutes les mêmes difficultez reviennent : car l'ame se modifier par l'action ou le desir d'être heureuse, c'est l'ame former un desir par rapport à un objet particulier, dont elle souhaitte que l'idée se présente à elle plus distinctement, afin qu'elle examine si elle ne trouvera pas plus son bonheur dans cet objet que dans un autre ; c'est donc l'ame déterminer d'elle-même & très-positivement son mouvement vers cette idée ou cet objet.

Mais revenons à la réponse de l'éclaircissement, où l'Auteur semble consentir, qu'on dise que l'ame se modifie, & exerce une veritable puissance lorsqu'elle veut penser à differentes choses ; si, dit-il, on s'opiniâtre à vouloir appeller cela, *modifications*, & *puissance*, je vous déclare que cette réponse ne me paroît point du tout recevable.

M. Comment cela ? il vous accorde tout ce que vous voulez.

A. Prenez garde ; s'il ne s'agissoit icy que d'une définition de nom, ensorte que de part & d'autre l'on convînt de la chose, & qu'on ne differât que dans les

mots : la réponse du P. M. passeroit, & voilà quel en seroit le sens :
Nous convenons tous que l'ame a
la force & la puissance de faire dans
sa substance des changemens très-
physiques & très-réels, par une
veritable efficace qui lui est propre, & même essentielle, comme à tout esprit : mais vous,
vous appellez cela se modifier ; moi
je lui donnois un autre nom : cependant, pour ne point disputer
des mots, je consens à parler comme vous, puisque je ne pense pas
autrement : encore un coup, cette
réponse satisferoit. Mais il n'en est
pas ainsi ; il ne s'agit pas icy d'une
pure question de nom, il s'y agit
d'une question de chose ; il s'agit
de sçavoir, si ce qu'on appelle les
déterminations libres de la volonté, sont des actes veritables & physiques, physiquement & veritablement produits par la volonté même, ou par l'ame, comme cause

veritablement efficiente, qui ait une efficace réelle, par laquelle elle produise dans sa propre substance, des changemens réels & physiques ; & soit, par conséquent, cause veritable de quelque réalité physique, d'une nouvelle maniere d'être très-réelle qu'elle se donne ? Si le P. M. croit tout cela, il ne lui sied plus de dire, qu'il consent qu'on appelle du nom de modifications, ces differentes volontez de l'ame ; car c'en sont effectivement des modifications, & il ne sçauroit leur donner un autre nom qui leur convienne mieux : c'est comme s'il disoit, qu'il consent, à la bonne heure, qu'on nomme triangle, une figure de trois angles. Si le P. M. croit tout cela, il faut encore qu'il avoüe que tout ce qu'il a dit, contre l'efficace des causes secondes, est faux ; il faut qu'il reconnoisse que les consentemens de la volonté, &

les actions qui nous rendent justes ou criminels, ne sont point de purs repos, de pures cessations, de pures omissions, de purs défauts d'examen (n. 3.) il faut qu'il retranche ce qu'il dit (n. 9.) que nos actes libres & immanens, ne produisent rien de physique, ne font aucun changement réel dans la substance de l'ame. Effectivement, qui a jamais conçu un acte qui ne produise rien, qui ne fasse aucun changement ? Il faut qu'il ne dise plus que pecher c'est ne rien faire; & que ne pecher point, ce n'est faire que ce que Dieu fait en nous; c'est-à-dire, ne rien faire aussi, mais souffrir simplement ce que Dieu fait : enfin, il faut qu'il renonce sincerement à tout son nouveau Cartésianisme. Mais il n'est assûrement point d'humeur de faire toutes ces abjurations : ainsi ce consentement, donné en apparence à l'usage d'un mot, ne peut être regardé, permettez-moi cette parole, que comme un artifice, pour imposer à ceux qui n'examinent pas les choses de si près. En effet, il ajoûte incontinent après : qu'il ne voit pas que ces consentemens, ces actes libres, ces modifications, comme on veut les appeller, changent physiquement la substance de nôtre ame : qu'est-ce que cela signifie, sinon, qu'au même temps qu'il fait semblant de consentir, qu'on appelle ces actes du nom de modifications, il est très-persuadé que ce ne sont pourtant point des modifications, & que ce nom ne leur convient pas ?

T. 2. p. 192. Ed. 1. Il prononce même, au même endroit, qu'il y a contradiction que Dieu donne à ses créatures, la puissance de se modifier ; parce qu'il est certain, dit-il, que la conservation n'est qu'une création continuée ; c'est-à-dire, selon la maniere dont il l'entend, & qui n'est pas la vraïe, ni celle des Théologiens, qu'il cite là fort mal-à-propos; c'est-à-dire, parce qu'il est certain, que produire une modification dans une substance, c'est créer, ou conserver en continuant de créer cette substance : or il n'y a que Dieu qui puisse créer, ou conserver une substance, en continuant par la même volonté, de vouloir ce qu'il a voulu : donc il y a contradiction, qu'une créature ait la puissance de se modifier : principe détestable, comme vous voïez, & qui sappe la liberté de l'homme par les fondemens. C'est ce pernicieux principe...

M. Permettez que je vous interrompe : il y a assez long-temps que vous parlez, & j'ai deux choses à vous dire. La premiere, c'est que je ne voi pas pourquoi vous blâmez le P. M. parce qu'il dit, que le peché n'est rien : car, n'est-ce pas le sentiment de la plufpart des Théologiens ?

A. Il eſt vrai qu'il y a des Théologiens qui diſent, que le formel du peché qui conſiſte dans l'oppoſition de l'action avec la Loy, n'eſt rien ; parce que ce n'eſt qu'une pure privation de la conformité que cette action devroit avoir avec la Loy : n'eſt rien encore ; parce que ce rapport purement moral d'une action avec la Loy, n'eſt point quelque choſe de phyſique ; le peché n'eſt point une ſubſtance, comme le prétendoient d'inſenſez Hérétiques des premiers ſiécles de l'Egliſe. Mais il n'y a aucun Théologien qui diſe, que l'acte même qui eſt peché, à cauſe de ſon oppoſition avec la Loy, ne ſoit rien ; il n'y en a point non plus qui enſeigne, comme le P. M. voudroit nous le faire accroire, que ce qu'il y a de phyſique, d'acte, ou de mouvement de la volonté dans le peché, vienne de Dieu ſeul ; car au con-

Ib. p. 190.

traire, tous les Théologiens, au moins Catholiques, enseignent que la volonté agit veritablement & produit l'acte physique du peché avec Dieu, qui le produit aussi avec elle par son concours. Il ne me paroît même pas que ce soit citer de bonne foi les Théologiens, que de conclure que Dieu fait seul tout ce qui se fait de réel dans le monde ; parce que les Théologiens ont dit, que Dieu faisoit tout : car on ne peut ignorer que les Théologiens entendent, que Dieu fait tout par son concours, & ne prétendent point exclure l'action des créatures, bien moins encore des créatures libres.

M. L'autre chose que j'avois à vous dire, c'est que le P. M. a répondu à l'objection qu'on peut former contre la liberté sur ce principe, que modifier une chose, c'est la conserver par une création continuée. » L'objection, dit-il, la

R. T. 2.
p. 195.
Ecl. 1.
"plus ordinaire & la plus forte en apparence qu'on fasse contre la liberté, est celle-cy : la conservation n'est, dit-on, de la part de Dieu qu'une création continuée, ce n'est en Dieu que la même volonté toûjours efficace : ainsi quand nous parlons ou marchons, quand nous pensons & voulons, Dieu nous fait tels que nous sommes, il nous crée parlans & marchans, pensans & voulans : si un homme apperçoit & goûte un objet, Dieu le crée appercevant & goûtant cet objet ; & s'il consent au mouvement qui s'excite en lui, Dieu le crée se reposant & s'arrêtant à cet objet, Dieu le fait tel qu'il est dans ce moment ; il crée en lui son consentement, auquel il n'a pas plus de part que le corps, au mouvement qui les transporte.

Ensuite voilà comme l'Auteur répond : "Dieu nous crée mar-

chans, pensans, voulans; il cau- «
se en nous nos perceptions, nos «
sensations, nos mouvemens; en «
un mot, il fait en nous tout ce «
qu'il y a de réel & de physique : «
je l'accorde. Mais je nie que Dieu «
nous fasse consentans précisément «
entant que consentans; Dieu nous «
crée seulement sans cesse pouvans «
nous arrêter à tel bien ; il nous «
porte à la verité vers tel bien, en «
consequence des loix de l'union «
de l'ame & du corps, mais il ne «
nous y porte pas invinciblement, «
puisqu'il nous pousse sans cesse «
vers le bien en général, vers tout «
bien. » Cette réponse n'a-t-elle
pas de quoi vous satisfaire?

A. point du tout : car, 1°. que
veulent dire ces paroles : *Dieu ne
nous crée pas consentans précisément, entant que consentans ?*
Ne suffit-il pas qu'il nous crée simplement consentans, pour que
nous ne puissions nous empêcher

de consentir ? Qu'est-il necessaire de ces précisions & de ces *réduplications* ; dès que Dieu crée un corps mû, ce corps n'est-il pas necessairement en mouvement, sans qu'il faille que Dieu prétende le créer mû précisément entant que mû ?

2°. Le consentement de la volonté n'est-il pas un acte réel & physique ? n'est-il pas une modification de nôtre ame, autant que la perception d'une idée ? Donc, si Dieu seul fait & crée en nous tout ce qu'il y a de réel & de physique, s'il nous crée voulans tel bien, il fait & il crée seul nôtre consentement.

3°. Puisque Dieu nous porte vers tel bien en consequence des Loix de l'union de l'ame & du corps, il nous conserve donc portez & poussez vers tel bien : or si cela est, il sera aussi impossible dans les principes de vôtre Auteur, que

de Metaphysique. 271

nous nous puissions détourner de ce bien vers lequel Dieu nous porte, qu'il est impossible à un corps que Dieu veut conserver en mouvement vers l'Orient, de se détourner & de se mouvoir lui-même vers l'Occident : car un homme que Dieu crée voulant tel bien, se créeroit lui & se conserveroit d'une autre maniere, s'il vouloit un autre bien ; cet homme que Dieu pousse vers tel objet, forceroit & surmonteroit la volonté de Dieu, en se portant vers un autre objet particulier opposé au premier. Ainsi il est faux dans la nouvelle Doctrine, que Dieu puisse nous créer seulement entant que pouvans nous arrêter, ou ne nous arrêter pas à tel bien vers lequel il nous porte : & l'on ne peut dire que Dieu ne nous porte pas invinciblement à ce bien, qu'en prenant le mot, *d'invinciblement*, dans le mauvais sens que je vous expliquois tantôt.

M. Si nous avions une idée de l'ame aussi claire que celle que nous avons de l'étenduë; nous y trouverions sans doute de quoi éclaircir ces matieres, que j'avoüe être obscures, à cause du peu de connoissance que nous avons de l'essence & des modifications de nôtre esprit.

A. Je suis moi très-convaincu que si nous avions l'idée claire de nôtre ame & de ses facultez, nous y découvririons très-évidemment la fausseté de la Doctrine du P. M. sur tout par rapport à la liberté : parce que je ne puis doûter que cette idée ne nous découvrît la verité de ce que la Religion, & la raison nous enseignent touchant le libre arbitre de l'homme. Mais puisque vôtre Docteur avoüe qu'il n'a pas d'idée, ni de l'ame ni de ses facultez : pourquoi donc en parle-t-il si décisivement ? Pourquoi s'écarte-t-il de l'opinion commune ? Pourquoi se fait-il un systéme dangereux, dont tous les principes vont à détruire & à anéantir toute liberté ?

Souffrez que je vous dise encore contre l'éclaircissement, un mot qui m'étoit échapé & qui me revient : le P. M. parle ainsi (n. 8.) Il est encore certain que Dieu pro- « duit & conserve en nous tout ce « qu'il y a de réel & de positif dans « les déterminations particulieres « du mouvement de nôtre ame, « sçavoir nos idées & nos senti- « mens ; car c'est ce qui détermi- « ne vers les biens particuliers, nô- « tre mouvement pour le bien en « général. Quoi donc, est-ce que « les déterminations mêmes du mouvement de nôtre ame vers differens biens particuliers, tantôt l'un, tantôt l'autre, vers tel objet & vers tel autre opposé, ne sont pas par elles-mêmes, quelque chose de réel & de positif ? Quand une bale est reflechie par une muraille ; n'y a t-il rien de réel & de positif dans cette nouvelle détermination du mouvement de la bale, que la muraille qui cause cette détermination ? Au contraire, la muraille n'est point du tout ce qu'il y a de réel & de positif dans la détermination du mouvement, elle n'est que la cause de cette détermination, cause extrinséque & étrangere à la bale & à son mouvement : mais c'est la détermination même qui est réelle & positive.

M. J'ai aussi encore un mot à vous dire avant que nôtre entretien finisse. Comment concevez-vous que ce qu'on appelle consentement de la volonté, soit une modification réelle de l'ame ?

A. Je le conçois tout comme je conçois que la douleur & le plaisir sont des modifications réelles & positives de la substance spirituelle; quoique je n'aye pas d'idées claires qui m'apprennent en quoi précisément consistent ces modifications : je le conçois encore, comme je conçois que la figure & le mouvement sont des modifications du corps. Car, qu'entend-t-on par modification d'une substance ? on entend une certaine maniere d'être de cette substance : une substance a differentes modifications, lorsqu'elle existe de differentes façons : or l'ame, lorsqu'elle consent au mouvement qui la porte vers certain objet, bon, ou mauvais; est conçuë exister d'une autre maniere que lorsqu'elle ne consentoit pas à ce mouvement ; que lorsqu'elle refusoit même positivement d'y consentir. L'ame est intrinsèquement & positivement disposée d'une autre façon, *alio modo se habet* ; lorsqu'elle consent à aimer un objet ; que lorsqu'elle consent à haïr ce même objet : elle change aussi réellement, lorsqu'après avoir consenti à l'amour des créatures, elle s'en repent & se retourne vers le Créateur, en formant des actes de haine contre tout ce qu'elle avoit aimé ; que lorsqu'elle passe de la douleur au plaisir, ou du plaisir à la douleur.

Je suppose que nos deux interlocuteurs ne se quittent pas sans se faire quelques honnêtetez réciproques : mais je croi que l'anti-Malbranchiste n'est pas fort satisfait des réponses du Malbranchiste. Ce sera aux Lecteurs à décider lequel des deux a remporté l'avantage ; pour moi je n'ai eu en veuë que de développer l'opinion du P. M. par rapport à la liberté, & de montrer qu'elle étoit au moins sujette à beaucoup d'inconveniens.

Chapitre VII.

De l'idée de l'infini.

L'Esprit a l'idée très-distincte de l'infini, dit nettement le P. M. il le connoît, il l'apperçoit avant que de connoître rien de fini : cette idée est inséparable de l'esprit.

Il y a plus ; car ce n'est pas tant l'idée de l'infini qu'on voit ; que l'infini même en soi-même, présent immédiatement & par lui-même à nôtre esprit, parce que rien de fini ne peut le représenter, il est à lui-même son idée ; & c'est dans lui-même qu'on découvre directement & son essence & son existence ; en un mot, qu'on voit son infinité même.

Cette veuë, au reste, loin d'être obscure & confuse, est au con-

R. T. 1. l. 3. 2. p. 6. 6. p. 218. &c. 226. 58 7. &c.

L. 4. c. 11. p. 295. 296. 297. T. 2. l. 6. 1. p. ch. 5. p. 23. E. 1 p. 29. 30. 32. E. 2 p. 44. &c.

R. T. 1. l. 4. c. 11. p. 300 &c.

traire, si nette, si lumineuse, que nôtre Philosophe en tire des conclusions merveilleuses sur les rapports justes des infinis entr'eux; sur la nature & la conduite de Dieu; sur la nature des idées qui nous sont, si on l'en croit, toutes présentes dans l'infini en tout sens, quelque infiniment infinie que soit leur multitude.

Ib. l. 3.
2. p. ch.
4. p. 213.
&c.

I.

R. T. 1.
l. 5. c. 1.
p. 316.
Ib. c. 6.
p. 348.

Qui ne croiroit, aprés tant d'assûrances si formelles de la part d'un homme qui ne juge jamais que sur les réponses claires & distinctes du Verbe de Dieu, de la verité éternelle, de la souveraine raison; *sicut audio, sic judico*: qui ne croiroit, dis-je, voir intuitivement l'infini? Cependant le P. M. donne lui-même occasion à un doute qu'il doit résoudre d'abord, s'il veut être crû. Je le propose avant que de passer à d'autres raisons qu'on peut encore avoir de se défier de ses paroles en cette matiere.

Nôtre Philosophe inculque & repete en mille endroits, que l'esprit de l'homme a fort peu de capacité & d'étenduë, que sa capacité est si étroite, qu'il ne peut comprendre parfaitement une seule science particuliere, non pas même les proprietez d'une seule figure, comme un triangle, par exemple. La limitation de l'ame, dit-il encore, est si grande, sa mesure de pensée si petite, qu'une piqueure l'occupe & la remplit toute entiere : de-là vient que nous ne connoissons, dans l'état où nous sommes, les choses qu'imparfaitement. Enfin, cette prodigieuse limitation de nôtre esprit est, selon lui, une source féconde de beaucoup d'erreurs, sur tout, par rapport à l'infini, dont il reconnoît dans tout le second Chapitre de la premiere Partie du troisiéme Livre de la Recherche, que nous n'avons qu'une connoissance si im-

R T. 1.
l. 4. c. 7.
p. 274.

Ib.
T. 2. p.
219
Ecl 8.
L. 1. c.
18 p.
74
L. 2 3.
p. c. 1.
p. 154.

L. 1. c.
2. p. 9.

R T. 1.
l. 3. 1.

parfaite, qu'il trouve très-mauvais qu'on forme seulement des questions sur ce sujet, & sur tous les autres qui y ont quelque rapport ; parce qu'on ne peut y rien gagner autre chose, que de s'entêter de quelque extravagance & de quelque erreur ; ce sont ses propres termes.

Je demande si l'on peut de bonne foy, trouver que toutes ces propositions s'accordent ? 1o. L'esprit de l'homme est extrémement borné, il a fort peu d'étenduë & de capacité : cependant il connoît clairement & distinctement l'infini, ou plûtôt il est immédiatement uni à l'infini, dont il voit directement l'essence & l'existence. 2o. La capacité de l'esprit est si étroite, qu'il ne peut comprendre parfaitement une science particuliere, non pas même les proprietez d'une seule figure : & néanmoins dans l'infini en tous sens qu'il voit clairement, les essences de toutes choses lui sont présentes; il y découvre une multitude infiniment infinie d'idées. 3°. Nôtre mesure de pensée est si petite, qu'une sensation legere, une piqueure d'épingle l'occupe toute entiere : cependant elle suffit, cette mesure de pensée, pour recevoir l'immense idée de l'infini, cette vaste connoissance y trouve place; bien plus, elle reçoit l'infini, & encore avec lui, les sentimens les plus vifs de la douleur la plus aiguë, puisque l'idée de l'infini est inséparable de l'esprit. 4°. C'est à cette extréme limitation de l'esprit qu'il s'en faut prendre, de ce que nous ne connoissons rien qu'imparfaitement, & de ce que en particulier, nous n'avons de l'infini qu'une connoissance si défectueuse, qu'on doit trouver fort à redire les questions & les disputes qu'on fait sur cette matiere : & néanmoins nous voïons si clairement l'infini, que ce n'est que de cette veuë claire que toutes nos autres idées tirent leur clarté, puisque tout ce que nous voïons, c'est en lui que nous le voïons ; & c'est cette lumineuse connoissance de l'infini, qui répand le jour sur toutes nos autres connoissances ; c'est de ce principe fécond qu'on tire, avec la derniere évidence, tout ce que l'on peut sçavoir de Dieu, des idées, de la matiere & de ses proprietez. En un mot, selon le P. M. l'esprit ne peut avoir qu'une connoissance très-imparfaite de l'infini, laquelle ne suffit pas pour en raisonner juste ; & selon le même P. M. l'esprit a la connoissance si parfaite de l'infini, qu'il voit directement dans l'infini même son essence, son existence, son infinité, & la multitude infiniment infinie de toutes les idées & de tous les Etres possibles : comment pourroit-on connoître l'infini plus parfaitement ?

Ce Philosophe devroit opter entre des propositions si opposées; s'il le faisoit, il lui faudroit, pour ne pas abandonner toute sa Doctrine, choisir les secondes; & toutefois ce sont les premieres qui sont les vraïes. Il s'imagine que les secondes lui ont été dictées par la raison universelle, qui éclaire les pures intelligences : mais on peut démontrer, que le sens commun que les hommes doivent toûjours consulter, nous dicte les premieres. Pour en venir à la preuve, examinons à quoi se réduit l'espece d'idée que nous avons de l'infini.

L'Auteur avouë lui-même que nous n'avons point d'idées distinctes des perfections de Dieu, *puissance, clémence, misericorde, justice, sagesse*, &c. En effet, plus je me consulte moi-même sur ces idées, & je ne croi pas être en ce-

II.
R.T. 1.
p. 281.
Ecl. 11.

là, d'une nature differente de celle des autres hommes, plus je vois qu'elles font obscures & minces. Si je pense à la puissance, mon esprit n'apperçoit devant lui qu'une image confuse de l'Univers, qu'il se dit en même temps, exister par la force & l'efficace d'un acte de la volonté de Dieu, semblable à-peu-près, à ceux que nous formons quand nous voulons quelque chose : mais il est clair que tout cela ne fait qu'une idée bien imparfaite & très-défectueuse de la puissance divine.

Si je pense à la sagesse, mon esprit parcourt d'une maniere assez vague le Ciel & la Terre ; il se rappelle la régularité des mouvemens des Astres, principalement du Soleil, qui fait par son approche & son éloignement, la difference des saisons, & par sa présence & son absence, la distinction des jours & des nuits ; il jette la veuë sur quelque plante, ou sur quelque partie du corps humain qui lui est connuë, pour y observer la multitude, l'arrangement, la proportion, les differens usages des organes qui la composent : en même temps, il fait réfléxion que ce ne peuvent être-là les effets d'un aveugle hazard, qu'il faut donc reconnoître une intelligence pour cause d'un si bel ordre ; à-peu-près comme en voïant un magnifique Palais, un excellent Tableau, une Montre fort juste, l'on se dit aussi-tôt qu'ils ont été faits par d'habiles ouvriers. Mais il est encore certain qu'une telle notion qu'on se fait à force de réfléxions, de raisonnemens, de comparaisons, ne peut s'appeller une idée claire & distincte de la sagesse de Dieu : Il en est de même de toutes les autres perfections, comme de ces deux-là.

Le mot même de perfection, que réveille-t-il dans nôtre esprit ? Si l'on nous presse d'expliquer ce que nous entendons par ce terme : nous nous sentons embarassez ; nous répondons que cela se sent mieux, que cela ne s'explique ; nous disons enfin, que perfection, c'est toute qualité qu'il vaut mieux avoir que de ne l'avoir pas, & voilà tout ce que nous en sçavons. Or quelle infinité y a t-il là ? Cela s'appelle-t-il même une veritable idée : n'est-ce pas plûtôt une notion fort superficielle & fort imparfaite ?

Enfin, quand on prétendroit avoir des idées veritables & proprement dites de perfection, & des differentes especes de perfections, ce qu'on ne peut pourtant raisonnablement prétendre ; du moins n'est-il que trop certain que quelque effort d'attention que nous fassions, nous ne découvrons qu'un très-petit nombre de ces perfections : si nous voulions conter ce que nous en connoissons, à peine en trouverions nous dix ou douze, *puissance*, *sagesse*, *justice*, *bonté*, &c. je suis presque déja au bout.

Que conclure de-là ? C'est que rien n'est plus insoutenable, ni plus faux que la proposition d'un homme, qui avance que nôtre esprit a une idée claire & distincte de l'infini en toutes manieres & en tous sens, de l'être infiniment parfait, de l'être qui renferme une infinité de perfections infinies ; car il est manifeste qu'il faudroit pour cela avoir l'idée claire de perfection en général, & les idées claires de chaque espece de perfections en particulier, & une infinité d'idées qui répondissent à la multitude infinie de ces perfections.

Qu'en conclure encore ? C'est que le P. M. se contredit, quand il avoüe d'un côté que nous n'avons point d'idées distinctes des perfections de l'être infini, & qu'il assûre de l'autre que nous avons une idée très-claire & très-distincte de l'être infiniment parfait en toutes manières.

Et que cet Auteur ne nous dise point, que cet infini en tout sens, c'est l'être vague, l'être indéterminé, l'être en général, lequel entant qu'être, & non tel être, renferme tout être. Car cet être vague, indéterminé, & en général, n'est qu'un pur terme logique, qui ne signifie pas plus que signifient, selon le P. M. les termes de faculté, de puissance, de nature, &c. Quand je prononce ce mot, *être vague*, mon esprit n'apperçoit rien, ou n'apperçoit qu'un sombre phantôme d'étenduë ; ou qu'un amas confus des êtres particuliers de toute espece ; ou enfin, que cet attribut logique que l'on suppose être commun à toutes les choses, tant existantes que purement possibles, & qu'on nomme le genre suprême qui occupe la cime de l'arbre l'arbre de Porphyre, si connu dans les Ecoles de Logique. Ce terme *d'être vague & en général*, est ce qu'on appelle un terme abstrait, qui ne dit ni infinité, ni finitude: comme le mot de substance fait abstraction de materiel ou de spirituel ; & le mot d'animal, de raisonnable ou d'irraisonnable.

III.

Si maintenant nous voulons examiner à quoi se réduisent les idées claires que nous pouvons trouver en nous, nous reconnoîtrons bientôt qu'elles se réduisent aux nombres & à l'étenduë, & le P. M. le reconnoît lui-même ; il est vrai qu'il ajoûte dans un endroit, & aux essences des êtres : mais outre que nous avons assez bien montré, à ce qu'il me semble, que nous ne connoissons clairement l'essence d'aucun être absolu ; ces essences des êtres, dont le P. M. veut qu'on ait des idées claires, se réduiroient elles-mêmes à la seule

R. T 2.
l. 6. 2.
p. 6.
74 &
p 262.
Eil. 10.

essence de la matiere, que l'on supposeroit consister dans l'étenduë ; ce qui ne nous avanceroit pas beaucoup dans la connoissance de l'infini. En effet, quand l'Auteur veut prouver qu'il voit clairement l'infini, il tire toutes ses preuves des seules idées de l'étenduë & des nombres ; ou plûtôt des idées des nombres appliquez à l'étenduë & à ses modifications ; ce qui montre bien que tout l'infini qu'il prétend voir, se termine à l'étenduë, où il découvre une certaine quantité de figures possibles que l'esprit peut alonger, racourcir, élargir, retrécir, varier & comparer ensemble en beaucoup plus de manieres, qu'on ne peut en imaginer. Voilà encore un coup, tout l'infini que voit le P. M. & que peuvent voir clairement & par idées claires ceux de ses Disciples qui sçavent mieux interroger le Verbe dans le plus profond

Ec. 1. p. 29 & seqq.

silence de leurs sens & de leurs passions.

Or je maintiens en premier lieu, que quand on accorderoit que nos idées des nombres & des modifications dont l'étenduë est capable, nous représenteroient quelque chose d'infini ; on ne pourroit cependant pas dire, sans autant d'impieté que d'absurdité, que ces idées nous représentassent l'être infini en tous sens & en toutes manieres ; qu'en connoissant l'étenduë & toutes les modalitez dont elle est capable ; ou bien les nombres, avec toutes leurs puissances & tous leurs rapports possibles on connust l'être infiniment parfait. Je maintiens en second lieu, qu'on ne pourroit encore dire sans extravagance, que cet infini fust veu en lui-même, que l'esprit découvrît directement & immédiatement son essence & son existence : car les nombres, les figures, les rapports des nombres & des figures, ne sont point des êtres réels qui existent en eux-mêmes. Je maintiens en troisiéme lieu, que si ces deux premieres absurditez n'étonnent pas nos Philosophes; il faudra conclure, que le Dieu du Malbranchisme n'est donc autre chose que l'étenduë intelligible, subsistante par elle-même, capable d'une infinité de figures & de rapports explicables par les nombres : car enfin le Dieu des Malebranchistes, c'est cet infini qu'ils connoissent clairement, & dont ils voïent immédiatement l'essence & l'existence : or ils ne connoissent point clairement, ils ne voïent point intuitivement d'autre infini que l'étenduë intelligible, entant que susceptible d'une infinité de figures & de rapports explicables par les nombres : donc le Dieu du Malebranchisme n'est autre chose que cette étenduë.

IV. Mais je n'accorde pas aux nou-

de Metaphysique. 293

veaux Disciples de la verité, que les idées des nombres & de l'étenduë, soient infinies en ce sens, qu'elles représentent à nôtre esprit une infinité actuelle. Je suis, au contraire fort persuadé qu'on ne les peut appeller infinies, qu'au sens qu'ont entendu les Philosophes de tous les temps, c'est à dire, entant qu'elles peuvent fournir à nôtre esprit, de quoi faire toûjours de nouvelles découvertes dans la Géometrie & dans la science des nombres. En effet, toutes les prétenduës démonstrations qu'apporte le P. M. pour prouver l'infinité de l'étenduë & des nombres intelligibles, infinité dont il tire tant de ridicules conclusions par rapport à la nature de Dieu, se réduisent à ce raisonnement : *L'esprit sçait que quelque chose qu'il fasse, il n'épuisera jamais ses idées de l'étenduë & des nombres : donc il voit ces idées actuellement infinies par*

E. 1 p. 30. 31.
E 3.
R T 2.
p. 253.
Eclair. 10.

E. 1. p. 30. &c.

N iij

l'infinité même qu'il découvre en elles ; c'est comme qui diroit, je sçai que quelque grand nombre d'objets que je mette devant un miroir, je n'épuiserai jamais la faculté qu'il a de représenter ce qu'on lui oppose : donc la faculté de ce miroir est infinie, & je la vois infinie dans son infinité même. Les personnes de bon sens auront de la peine à se persuader, que de tels raisonnemens aïent été dictez par la Sagesse éternelle. Reprenons celui de nôtre Auteur, & examinons-le dépoüillé des ornemens d'une expression brillante, & des détails éblouïssans dont il le revêt, pour le rendre capable d'imposer à des gens, en qui l'imagination juge plus que l'esprit. Je sçai que je n'épuiserai jamais les idées que j'ai de l'étenduë & des nombres ; qu'est-ce que cela signifie, réduit à sa juste valeur ? cela veut dire, 1°. pour les nombres. Je sens plûtôt que je ne sçai, que l'activité de mon esprit est telle, qu'aïant une connoissance assez nette de l'unité, & des nombres simples 2. 3. 4. 5. 6. 7. 8. 9. connoissant encore assez distinctement quelques autres nombres des moins composez, 10. 100. 1000. alors, soit en ajoûtant les simples aux simples, les composez aux composez, les simples aux composez ; ou en multipliant les uns par les autres, les mêmes par les mêmes, &c. je puis sans fin faire de nouvelles combinaisons, & composer de nouveaux nombres, que je marquerai toûjours par le moïen de ce peu de caractères & du zero, repetez tant qu'il me plaira ; & je ne laisserai pas d'avoir de ces nombres plus composez, quelques idées confuses par les idées nettes que j'ai des nombres simples & des premiers composez, dont tous les autres beaucoup plus grands, résultent. Car il est

J'appelle icy nombre simple, celui qui se representé par un seul caractere: & nombre côposé, celui qui se marque par deux ou plusieurs caracteres.

bien à remarquer, que dès que les chiffres commencent à se multiplier beaucoup, l'esprit n'a plus d'idée bien claire du nombre qu'ils marquent ; ce qui paroît assez de ce que l'on ne croit pas pouvoir s'exprimer alors plus nettement, qu'en disant, ce nombre, par exemple, est de 30. 40. zeros aprés tel chiffre, cette expression faisant réfléchir que la repetition des zeros augmente la valeur des unitez du premier caractere selon la proportion $\frac{1}{\cdot\cdot}$ 10. 100. 1000. on conjecture à-peu-près la grandeur du nombre ; mais cette idée confuse qu'on en a, est toûjours appuïée, pour ainsi dire, sur ces idées nettes de dixaines, de centaines, de milliers ; entant qu'on juge que le quatriéme zero multiplie dix fois les milliers, ou fait des dixaines de milliers : le cinquiéme zero fait des centaines de milliers : le sixiéme, des milliers de milliers : le septiéme, des dixaines de milliers de milliers : le huitiéme, des centaines de dixaines de milliers de milliers : le neuviéme, des milliers de centaines de dixaines de milliers de milliers, &c. seulelement pour éviter la répetition de ces termes, on a trouvé, comme pour servir d'entrepôts à l'esprit dans ces proportions continuës, les noms de million, pour signifier la dixaine de centaines de milliers, de billion, pour marquer la dixaine de dixaines de centaines de milliers, &c. Mais c'est cela même qui démontre que nôtre esprit ne voit rien de clair dans ces grands nombres, que les idées assez simples de dix, de cent, de mille ; qui certainement ne sont point infinies, bien loin qu'elles découvrent l'infinité même.

2°. Pour ce qui regarde l'étenduë, que signifie cette proposition ; je n'épuiserai jamais l'idée de l'étenduë ? Cela signifie que mon esprit sçachant ou croïant bien sçavoir, par la connoissance qu'il a de l'étenduë, que quelque division qu'il suppose faite de cette étenduë, les parties divisées ne cesseront pas d'être étenduës, & par consequent, encore capables de nouvelles divisions : sentant d'ailleurs, comme nous venons de voir, qu'il peut appliquer sur ces parties d'étenduë qui ne lui manqueront jamais, toutes les operations d'Arithmetique : enfin, connoissant qu'une partie de matiere est susceptible de tous les mouvemens & de toutes les situations qu'on voudra lui donner; il conclut qu'il peut se former, tant qu'il lui plaira, des idées de figures differentes, & faire toutes les suppositions dont il s'avisera, par rapport au plus ou au moins de longueur, de largeur, de profondeur, en alongeant ou racourcissant à sa phantaisie, les diamêtres & les corez ; en divisant, en faisant mouvoir ou reposer les parties de la matiere étenduë ; en les multipliant par tant de chiffres qu'il voudra, &c. Or ces trois connoissances, d'où l'esprit conclut qu'il peut faire sur la matiere toutes ces operations, ne sont certainement point des connoissances qui supposent la veuë claire & distincte d'aucune infinité actuelle.

Par consequent, cette conclusion du P. M. *donc l'esprit voit ses idées des nombres & de l'étendue actuellement infinies, par l'infinité même qu'il découvre en elles*; n'est rien moins qu'une consequence legitime.

A ces preuves de la fausseté des opinions du P. M. sur la veuë claire & immédiate de l'infini en tout sens & de l'infinité même : je puis en ajoûter encore une qu'il lui sera difficile de désavoüer, puisque c'est lui-même qui me la fournit ;

car je suis obligé de reconnoître que ce Philosophe est l'homme du monde le plus commode à ceux qui veulent le refuter : en voicy un exemple, sans conter ceux qu'on a déja pû observer, & qu'on aura lieu d'observer encore dans la suite. Il prouve, comme nous avons vû dès le premier Chapitre, dans un éclaircissement fait exprès; que nous n'avons point l'idée de nôtre ame : & il le prouve, par-ce que si nous avions cette idée, nous connoîtrions très-distinctement en quoi consistent les modifications de l'esprit & les rapports justes & précis de ces modifications : nous ne pourrions nous aviser de douter un seul moment sur ce qui regarde la nature de l'ame qu'il ne nous seroit pas possible d'ignorer : nous ne pourrions la prendre pour ce qu'elle n'est pas, ni la confondre avec le corps ; non plus que nous ne pouvons confondre le cercle avec le quarré, &c. Néanmoins nous tombons dans toutes ces méprises ou erreurs au sujet de l'ame : ainsi il faut avoüer que nous n'en avons pas d'idées. Ce raisonnement me paroît bon & solide ; mais je croi qu'il ne perdra rien de sa force si on l'applique à l'idée de l'infini, pour montrer que nous ne l'avons pas : car disons de même,

Si l'esprit avoit une idée claire & distincte de l'infini, s'il l'appercevoit immédiatement en lui-même, s'il découvroit directement son essence & son existence, son infinité même. Certes pas un homme au monde ne pourroit douter un seul moment de cette connoissance ; personne, quelque entêté qu'il fust, ne pourroit aller contre une telle verité, il ne pourroit pas plus la nier, qu'il pourroit nier qu'il vît le Soleil quand il a les yeux ouverts en plein midi : personne n'auroit besoin de leçons, de raisonnemens, de réfléxions pour sçavoir ce que les Philosophes prétendent signifier par ce mot *infini*; comme l'on n'en a pas besoin pour sçavoir ce que les hommes entendent par ce mot, *terre*; il ne faut qu'un peu de memoire pour retenir que l'usage l'a fixé à signifier une chose que nous connoissons tous malgré que nous en aïons. Il ne seroit pas besoin de longs raisonnemens, pour prouver à qui que ce fust, & aux plus ignorans, l'existence de cet infini; comme il n'en est pas besoin pour prouver au plus jeune enfant, au plus grossier païsan, l'existence de ce qui répond au mot de terre, de soleil, de maison, &c. Enfin, il ne pourroit y avoir de disputes serieuses touchant l'infini; car tout le monde seroit également & necessairement instruit, & des proprietez de cette idée, & des rapports dont elle est ou n'est pas capable.

Cependant le P. M. ne peut nier que le plus grand nombre incomparablement, je ne dis pas seulement des hommes, mais des Philosophes; ne doute fort de la verité de son opinion touchant la veuë claire, immédiate & directe de l'infini, ne prononce même qu'elle est fausse & absurde : & cela, aprés y avoir fait de serieuses réfléxions, & y avoir donné beaucoup plus d'attention qu'il ne leur en faut, pour reconnoître des veritez assez éloignées des premiers principes, & bien moins évidentes que ce que l'esprit apperçoit immédiatement & par une veuë très-claire. Que cet Auteur se souvienne combien il a emploïé de raisonnemens dans tous ses Ouvrages, combien de discours, combien de tours d'éloquence, combien de mouvemens des plus patétiques, pour tâcher de persuader à ses Lecteurs que leur esprit voïoit l'infini, qu'il en voïoit non-seulement l'essence, mais l'existence & l'infinité même : si cela étoit vrai, il n'eût pas été necessaire de se donner tant de peine pour le prouver ; il auroit suffi de dire à chacun, rentrez un moment en vous-mêmes, & faites une médiocre attention à la présence de ce grand & magnifique objet, auquel vous pensez incessamment, & qui frappe plus vivement vôtre esprit, que le soleil ne frappe vos yeux.

Donc on ne peut s'empêcher de reconnoître, & le P. M. sur tout, ne peut refuser d'avoüer, que nous n'avons point d'idée claire & distincte de l'infini ; que l'esprit ne voit point intuitivement son essence & son existence, bien moins encore l'infinité même.

VI. Malgré tant de raisons qui auroient dû préserver, ou qui pourroient détromper l'Auteur de ses erreurs, par rapport à la connoissance de l'infini ; il est néanmoins si frappé de cette fausse opinion, qu'il va jusqu'à assûrer, que nous ne pouvons connoître aucun être particulier, qu'au préalable, nous ne connoissons l'être en général & infini. J'aimerois autant qu'on me dît, que personne ne peut avoir connû un chien ou un chat, qu'au préalable il ne sçeust ce que c'étoit que l'animal en général. Cependant, je ne croi pas qu'on puisse s'imaginer qu'un petit enfant, qui de son berceau voit marcher dans la chambre un chien ou un chat, & apprend avec le temps à les appeller par leur nom, & à les distinguer d'un cheval, d'un oyseau ; ait dû avoir au préalable une idée fort nette & fort distincte d'animal en général. Il est, au contraire, très-certain que cet enfant ne se forme l'idée d'animal en général, que long-temps après ; lorsqu'aïant acquis des connoissances de plusieurs

T. R. 1.
l. 3. 2.
p. c. 6.
p. 218.

sortes d'animaux, il fait réfléxion que, quoiqu'ils different entr'eux par plusieurs choses qui demandent qu'on leur donne à chacun son nom en particulier ; cependant ils conviennent aussi tous en quelques choses, & peuvent être tous compris sous un nom général, qui reveille dans l'esprit, ces qualitez communes à tous.

Mais, dit le P. M, connoître qu'une chose est finie ; c'est connoître qu'elle manque de beaucoup plus de réalité qu'elle n'en a : ainsi, puisque quelque grande que nous la supposions, nous voïons encore qu'elle est finie, ou qu'elle manque de plus de réalité qu'elle n'en a ; il faut necessairement que nous aïons l'idée d'une réalité sans bornes, d'une réalité plus grande que toute réalité finie : or avoir l'idée d'une réalité sans bornes, & plus grande que toute réalité finie, c'est connoître l'infini : donc nous connoissons l'infini, & nous le connoissons avant que de connoître le fini.

Si nôtre Philosophe s'applaudit sur ce raisonnement, comme si c'étoit une démonstration, il me paroît qu'il a grand tort ; car il est aisé de comprendre que l'esprit connoissant plusieurs gandeurs finies, par exemple, plusieurs longueurs, & sçachant que ces longueurs peuvent être mises bout-à-bout, ou repetées tant qu'on voudra, sans qu'il en coûte davantage que de supposer toûjours de nouveaux zeros l'un après l'autre ; il peut par consequent, cet esprit, voir & assûrer qu'une longueur, quelque grande qu'on la suppose, pourroit encore être supposée plus grande : & cela, non sur une idée qu'il ait de grandeur actuellement infinie ; mais par la connoissance très-finie qu'il a, qu'il ne tient qu'à lui, & qu'il est toûjours en son pouvoir d'ajoûter à elle-même cette longueur proposée, ou de la multiplier par elle-même, en la prenant autant de fois qu'il aura jugé à-propos d'y imaginer de parties. Je croi donc que ce qui trompe icy les Malbranchistes, c'est qu'ils s'imaginent que quand l'esprit juge qu'une certaine grandeur est bornée & finie, l'esprit voit une grandeur differente de la grandeur proposée, & juge que l'une manque de ce que l'autre a de plus; desorte qu'il ne lui seroit jamais possible de juger que la premiere fust finie, s'il ne voïoit cette seconde infinie : ce qui néanmoins n'est nullement vrai ; car il suffit que l'esprit connoisse la seule grandeur qu'on lui propose, sçachant d'ailleurs que cette grandeur peut être ajoûtée à elle-même, ou multipliée par elle-même tant qu'on voudra ; pour qu'il juge qu'on la pourroit toûjours supposer plus grande; & par conséquent, pour qu'il dise qu'elle manque de plus de réalité, ou qu'elle est finie : puisqu'on la concevroit effectivement moins bornée, ou comme aïant plus de réalité ; si on la supposoit ajoûtée encore à elle-même, ou multipliée par elle-même.

En effet, si nous avions l'idée, & l'idée claire, comme on l'enseigne dans la nouvelle Métaphysique, d'une réalité positivement & actuellement infinie, plus grande que toute réalité finie possible : premierement, nous n'aurions pas besoin pour la faire concevoir, d'user d'additions & de multiplications des choses finies ou de degrez imaginaires, en disant par exemple à quelqu'un, imaginez-vous le grand diamétre du monde encore mille, cent mille, cent millions de fois plus grand; ajoûtez encore autant de chiffres qu'il en faudroit pour couvrir la terre ; ajoûtez-en encore autant, & encore plus, &c. J'appelle longueur infinie, celle qui passera toûjours la longueur imaginée. De même, voulez-vous concevoir l'infinité de la puissance de Dieu ; prenant pour son premier degré ce qu'en découvre la création du monde, ajoûtez-en autant d'autres que les operations des nombres peuvent en fournir ; enfin, pensez que la puissance Divine en possede encore beaucoup plus. C'est par de pareilles suppositions & par de semblables efforts d'imagination, qu'on donne encore quelques idées de tous les autres attributs divins. Or, encore une fois, si nous avions une idée claire & toûjours essentiellement présente à l'esprit, d'une réalité actuellement infinie ; il ne faudroit point faire tous ces efforts, toutes ces suppositions, toutes ces operations pour l'appercevoir ; il ne faudroit que rentrer le moins du monde en soi-même, ou plûtôt, il ne nous seroit pas possible de ne la pas voir beaucoup mieux qu'on ne la pourroit représenter par tous ces artifices.

Secondement, si la réalité infinie éclairoit nôtre esprit par elle-même ; jamais les hommes ne se seroient avisez d'user d'un terme négatif, tel qu'est celui-cy, *infini*, *infinité* ; tels que sont tous ceux que les langues fournissent sur cette matiere. Il auroit été tout naturel d'attacher à cette belle & lumineuse idée la plus présente & la plus claire de toutes, un terme positif, comme ceux que nous attachons à toutes les choses dont nous avons des connoissances positives & distinctes. Je sçai que ces Messieurs pourront me répondre que ce terme, *infini*, n'est pas négatif quant au sens ; & que c'est plûtôt le mot de *fini*, dont le sens est négatif : car fini, c'est ce qui manque ou à négation de plus d'être ; au lieu qu'infini, c'est ce qui ne manque point, ce qui n'a point négation d'être. C'est ainsi que ces purs esprits sortent du monde intelligible & du sein de la divinité même, pour venir chercher dans la Grammaire de quoi appuïer les réponses du Verbe par le fameux principe, que deux particules négatives valent une affirmation. Mais je suis surpris qu'ils ne s'apperçoivent pas que ce raisonnement Grammatical fait justement contr'eux ; car puisqu'on ne peut s'exprimer sur l'objet de leur prétenduë connoissance claire & immédiate, qu'en le nommant, *infini*, c'est-à-dire, être qui n'a point de *non être*; puisque pour rendre cet être le plus intelligible qu'il se peut, l'on dit qu'il n'a négation de rien, qu'il exclut & nie toute négation : c'est une marque évidente que nous ne pouvons nous en expliquer que d'une maniere très-negative ; que nous pouvons bien dire ce qu'il n'est pas, mais nullement ce qu'il est. Pour mieux entendre encore ce que je dis icy, il faut considerer que nôtre esprit ne trouvant point de prise sur les pures négations, & ne pouvant les concevoir qu'à raison de la chose positive en qui elles se trouvent, il s'accoûtume naturellement à les regarder dans l'idée de cette chose positive, comme si elles en étoient elles-mêmes des proprietez positives ; aprés quoi il se croit, pour ainsi-dire, en droit de les nier, de les exclure, de les écarter d'un sujet ; de la même façon qu'il nie, qu'il exclut, qu'il écarte une proprieté réelle & positive : & si l'on médite un peu sur cette observation, je croi qu'on s'appercevra que l'idée ou le sens qui répond à ce mot, *infini*, est veritablement négative, aussi bien que le mot ou le terme vocal, quoique ce terme représente négation de négation ; parce que la seconde négation est niée par la premiere, à la façon des réalitez positives, aïant été conçûë de la même maniere : d'où il s'ensuit que le sentiment commun est très-vrai; sçavoir, que nous ne connoissons l'infini que d'une maniere *négative* : nous le connoissons, puisque nous en parlons ; mais nous ne le connoissons que d'une maniere *négative*, puisque nous ne pouvons nous en expliquer que par des termes négatifs : en un mot, nous le connoissons par l'idée vague que nous avons de l'être en général & indéterminé, & que nous jugeons lui convenir aussi-bien qu'aux êtres finis : mais nous ne le connoissons que négativement comme infini; parce que nous ne le distinguons des êtres finis, qu'en niant & écartant de lui les bornes & les limites de ceux-cy.

Que si l'on me demandoit d'où l'esprit peut sçavoir que pour parler juste de ce grand objet, il faut en nier toute imperfection & toutes bornes, & le nommer infini, c'est-à-dire, être qui n'a nulle fin d'être? Je répondrois que l'esprit a appris cela, non par une veuë claire & immédiate de cet objet en lui-même; car nous avons prouvé que cela ne pouvoit se dire; mais par cette impression naturelle & necessaire que nous éprouvons en nous-mêmes, par laquelle nous nous sentons portez à vouloir toûjours quelque chose de plus grand que ce que les êtres créez & finis nous présentent; & qui produit en nous ce dégoût qu'on ne manque point d'avoir de quelque objet que ce soit, qui nous ait d'abord surpris & enchantez; lorsque nous avons emploïé assez de temps, ou à le considerer, ou à le goûter, pour épuiser la capacité qu'il avoit de satisfaire pour quelques momens, ou nôtre esprit, ou nôtre cœur. Sentiment dont on peut tirer une preuve solide de l'existence de Dieu, & qu'on peut appeller dans un sens très-veritable, l'idée *innée* ou naturelle que tout homme a de Dieu. Mais encore un coup, cette idée de l'être infini est très-obscure, bien loin d'être claire ; elle ne nous découvre que très-imparfaitement l'être infiniment parfait, bien loin de nous le faire voir immédiatement en lui-même ; elle nous le fait seulement sentir autant qu'il est necessaire pour que l'esprit s'apperçoive qu'il ne peut y atteindre, & que tout ce qu'il en peut dire de mieux, c'est que cet être a tout ce que les créatures peuvent avoir de bon & de parfait, sans rien avoir de ce qu'elles ont d'imparfait & de défectueux.

Or cela ne s'appelle point former l'idée de l'infini de l'assemblage confus des êtres particuliers, comme nôtre Auteur assûre sans fondement, que le font les Philosophes : mais c'est avoir l'idée d'un être très-distingué de tous les êtres particuliers, qui ait lui seul plus de perfections qu'ils n'en ont tous ensemble, & n'ait aucune des imperfections qu'ils ont.

2. E. &
R. T. 1.
l. 3. 2.
p. c. 6.
p. 118.

Je pourrois, avant que de finir ce Chapitre, m'étendre encore un peu sur ce que le P. M. assûre d'un côté, *que l'esprit apperçoit immédiatement & découvre dans ses idées, l'infinité même qui leur appartient ;* c'est-à-dire, qu'il voit clairement & intuitivement l'infinité de ces objets réellement infinis, qui sont immédiatement présens à son esprit : quoique d'un autre côté il convienne & avec raison, *que l'esprit ne peut comprendre l'infini, ni le mesurer.* Car ces propositions raprochées les unes des autres me

E. 1 p.
32.

Ib. p. 29.
R T. 1.
p 219.
Ecl. 8.

paroissent renfermer quelque contradiction : j'ai peine à concevoir qu'un esprit qui ne comprend pas l'infini, voïe cependant clairement son infinité : ou qu'un esprit qui voit clairement l'infinité même de l'objet infini, ne comprenne pas cet objet ; puisque l'infini n'est incomprehensible que par son infinité. Nôtre Auteur pourroit bien avoir poussé son mépris pour les Philosophes & les Théologiens même de l'Ecole, jusqu'à ne vouloir pas s'instruire de la difference qu'ils mettent entre connoître une chose qui a telle qualité, & la connoître entant qu'elle a telle qualité, & par la connoissance de cette qualité là même : par exemple, entre connoître l'objet qui en soi est infini ; & connoître cet objet entant qu'il est infini ; & plus encore, par son infinité même.

Mais la matiere de l'infini passant infiniment la portée de nôtre esprit, comme le P. M. l'avoüe lui-même, je croi devoir suivre icy, mieux qu'il n'a fait, son propre conseil, qui est de ne pas s'engager trop avant dans des choses dont les idées nous manquent. Aussi-bien crois-je en avoir assez dit pour faire voir la fausseté & la témérité de ces propositions ; que nous avons une idée claire & distincte de l'infini ; que nous voïons directement & immédiatement l'infini même ; qu'il est par lui-même toûjours présent à nos esprits ; que nous voïons dans lui-même, & son essence & son existence ; que l'esprit découvre, non-seulement l'infini, mais l'infinité même de l'objet infini, &c.

Fin de la premiere Partie.

FAUTES A CORRIGER.
dans la premiere Partie.

Page 46. ligne 6. la faculté de prévoir, *lisez* de percevoir.

Pag. 204. l. 19. de douleur & de plaisir, *lisez* de douceur & de plaisir.

Pag. 112. l. 24. & quiconque, *lisez* à quiconque.

Pag. 254. l. 4. les archetypes des intelligences, *lisez* les archetypes intelligibles.

A la même pag. lig. 8. d'entre les ces idées., *effacez* les.

www.ingramcontent.com/pod-product-compliance
Lightning Source LLC
Chambersburg PA
CBHW060335170426
43202CB00014B/2790